GULLIVER

1220

Ilona Einwohlt (Hrsg.)

LUST. LIEBE. SEX.

16 STORIES

EIN **GULLIVER** VON **BELTZ & GELBERG**

www.gulliver-welten.de
Gulliver 1220
Originalausgabe
© 2010 Beltz & Gelberg
in der Verlagsgruppe Beltz · Weinheim Basel
Alle Rechte vorbehalten
Lektorat: Christian Walther
Neue Rechtschreibung
Markenkonzept: Groothuis, Lohfert, Consorten, Hamburg
Einbandgestaltung: Cornelia Niere mit Roland Werner, München
Gesamtherstellung: Beltz Druckpartner, Hemsbach
Printed in Germany
ISBN 978-3-407-74220-9
1 2 3 4 5   14 13 12 11 10

INHALT

VORSPIEL

██, ██, ██, ist alles an was wir denken – und auch wieder nicht. Wenn wir uns atemlos in den Armen eines anderen wiederfinden, wenn wir mitgesogen werden von unseren Gefühlen, denken wir da überhaupt? Alles ist plötzlich ██, alles ██, von den Haarspitzen bis zu den Fußnägeln, aufregend, prickelnd, Hauptsache, es hört nicht auf, manche vergessen sogar zu verhüten oder das Licht auszumachen, andere können gar nicht anders und müssen ständig rubbeln und reiben ... Natürlich geht es dabei immer nur um ██, um die Erfüllung, das Auflösen des pochenden, roten Knäuels in der Körpermitte, in dem all die heißen Gefühle stecken: ██ und ██. Alles andere wäre gelogen. Heiße Geschichten erzählen davon ...

██ und ██ aber wollen ██. Ohne ██ tut niemand was, ohne ██ nascht niemand Süßes, hört niemand zu, macht nirgends mit, schon gar nicht so etwas Intimes wie Küssen oder Nacktheit. Unsere Körper gehören uns, die lassen sich nicht zwingen, wir wissen, was wir mögen, wo wir uns am liebsten berühren lassen, aufregend, schön, kribbelnd ... und wenn nicht, finden wir das eben heraus, in unseren Träumen und Phantasien, schön, schöner, am schönsten, manchmal schmerzhaft, vielleicht romantisch, der Realität zum Trotz. Erfahrungen sammeln, gute, schlechte, alle aufs Konto, wie bei jeder Praline, bei jedem Spiel, bei jedem Abenteuer, bei jedem Kuss. Phantasievolle Geschichten erzählen davon ...

██ und ██ brauchen die Liebe, Liebe gehört dazu, für die einen von uns ganz viel, für die anderen nicht so, Geschmacksache, Typsache, Ansichtssache. Je nachdem, wie lange man sich schon kennt, das erste Mal, nur das eine Mal, regelmäßig. Ob man sich auf einer Party abschleppen lässt, angetrunken, da werden Gefühle wohl eher enttäuscht, so es sie überhaupt gibt. Oder ganz romantisch sein Traumgirl trifft, wenn nur die ████ zählt, wie man sie nur in diesem Augenblick fühlt, für immer. Oder einfach nicht die Finger voneinander lassen kann, weil sich die Körper so sehr lieben und magisch anziehen, weil sie sich gleich sind und doch so fremd. Geschichten voller Liebe und Zärtlichkeit erzählen davon ...

████, █████, ███ – ein geheimnisvolles Dreieck also, das es mit jeder Faser des Körpers zu entdecken gilt, vorwärts, rückwärts, die eine Seite doppelt, die andere vielleicht lieber kürzer. Wer ███ hat, kann auf den folgenden Seiten ███ haben und Geschichten lesen, in denen es mit ████, ████ und ██ um ████, ███ und ██ geht, die erzählen, was im Film mit eindeutigen Bildern und lautem Stöhnen gezeigt würde und in Liedern romantisch besungen: Vielfältig, bunt, schillernd, aufregend, voller ███ und ████, bis niemand mehr etwas anderes denken kann.

Ilona Einwohlt, im Juni 2010

BERÜHRTE HAUT

Familie Beck kam immer zu spät. Ob nun Hochzeiten, Geburtstage oder erster Schultag, immer hieß es: »Wo bleiben denn die Becks?« Und die konnten sich selber nie wirklich einigen, wer an dem Dauerdilemma, das langsam zum Running Gag wurde, schuld war.

Jetzt war Oma tot. Um zwei Uhr Trauerfeier, danach Beerdigung, danach Leichenschmaus.

»Wenigstens zur Beerdigung meiner Mutter könnten wir doch mal pünktlich sein!«, schimpfte Inga Beck, und Karl, ihr Mann, drückte auf die Tube. War es seine Schuld? Wer hatte sich denn im letzten Moment noch für ein anderes, genauso schwarzes Kleid entschieden? Er nicht, er ganz bestimmt nicht!

Becky saß hinten und starrte aus dem Fenster. Becky Beck, nein, Elsa Beck, genannt Becky, sechzehn Jahre und seit einer Woche Besitzerin einer toten Oma.

Becky hatte ihre Oma geliebt, auf jeden Fall, obwohl sie nur selten zu Besuch gewesen waren, sie wohnten zu weit weg und Oma hatte immer genug mit sich selber zu tun gehabt. War nicht so eine, die unbedingt die Enkel in den Ferien dahaben wollte. Aber wenn sie sich sahen, Becky und ihre Oma, dann gab es immer viel zu erzählen. Als Kind hatte

Becky am meisten fasziniert, wenn Oma ihre Nylonstrümpfe ganz klein zusammenraffte, eine hauchdünne Wurst nur noch, und dann im Stehen anzog, indem sie das Bein nach hinten abknickte, das kann man schwer erklären, aber es lag daran, dass es steif war und sie trotzdem nie behinderte. Auch nicht beim Strümpfeanziehen. Jetzt war sie tot.

Seit Mama mit ihrer Schwester Elena zerstritten war, hatten Becky und Oma sich noch seltener gesehen. Wie lange war das her, der große Eklat? Acht, neun Jahre? Bestimmt. Heute konnte keiner mehr sagen, um was es eigentlich ging, aber Mama hatte damals ihre Familie unter den Arm genommen, ins Auto gepackt und Schluss.

»Mit dir will ich nichts mehr zu tun haben!«

Nicht, dass Becky besonders an Tante Elena hing. Sie war bestimmend, herrschsüchtig geradezu und besserwisserisch. Sie hatte immer das letzte Wort. Aber einen Sohn. Boris. Beckys Cousin.

Becky runzelte die Stirn. Erinnerungszucker!

Sechzehn war der jetzt auch. Wie er wohl aussah? Ob er eine Freundin hatte?

Früher als Kinder hatten sie sich geküsst. Und nicht nur das, es war schon so was wie Liebe gewesen und das Versprechen, später zu heiraten. Egal was die anderen sagen würden. Sie hatte damals seinen kleinen Kinderpimmel in den Fingern gehabt und sich gewünscht, auch ein Junge zu sein, und er hatte auf ihr gelegen und so getan, als könnte er schon. Jetzt hatten sie sich so lange nicht mehr gesehen. Natürlich war Boris nie ganz verloren gegangen, aber vergessen hatte Becky ihn zuweilen schon, einmal sogar ein ganzes Jahr lang, als sie mit Christoph zusammen gewesen war und alles über Sex gelernt hatte, praktisch, direkt am Mann sozusagen. Sie war süchtig danach geworden und am Boden zerstört, als es zu Ende ging, aber jetzt war es schon lange wieder gut. Christoph war zur Erinnerung geworden.

Während ihre Eltern vorne hektisch den Weg zum Friedhof suchten, dachte Becky an den Pimmel von Boris, der jetzt ein Schwanz sein musste. Ehrlich, das konnte sie sich gar nicht vorstellen!

Ob es das noch gab zwischen ihnen? Diese Anziehung? Dieses immer ganz nah beim anderen sein zu müssen und sich nur dann sicher zu fühlen, obwohl man kaum Luft bekam vor lauter Kribbeln, und das mit sieben? Blödsinn!

Karl Beck parkte, und sie stürmten aus dem Auto, zwanzig nach zwei, peinlich. Lauter schwarze, schniefende Menschen in der Kapelle, eine dunkle Masse heulender Verwandtschaft, ganz vorne Tante Elena mit den feuerrot gefärbten Haaren.

Gerade sprach der Pfarrer, obwohl Oma mit Gott nie was zu tun gehabt hatte, alle drehten sich zu den Becks um – wie immer zu spät – und Inga zog ihre Familie nach vorne neben Elena.

Immerhin war sie auch eine Tochter und Elena hatte ihnen sogar Plätze freigehalten. Waffenstillstand im Angesicht des Todes.

Sie reihten sich ein, falteten die Hände im schwarzen Schoß und versuchten noch hineinzukommen in dieses gemeinschaftliche Trauergefühl um sie herum. Becky hielt den Kopf gesenkt, zumindest bis sich alle wieder auf sich konzentrierten, bewegte nur die Augen und bemerkte neben sich Jeans, immerhin schwarz, und Hände mit Haaren drauf, Männerhände. Sie hob den Kopf. Hätte aber nicht sein müssen. Sie wusste auch so, wer da neben ihr saß und ein biss-

11

chen nervös mit dem linken Zeigefinger wackelte, sie konnte es fühlen, bekam keine Luft.

Als sie ihm den Kopf zuwandte, tat er das auch und sie schauten sich in die Augen. Seine waren immer noch so schwarz. Natürlich. Hatte man jemals schon gehört, dass schwarze Augen plötzlich blau geworden sind?

Der Pfarrer trat an den Sarg, in dem angeblich Oma liegen sollte, und beschwor seinen Gott, die Abtrünnige aufzunehmen. Natürlich nicht ganz so direkt, aber irgendwie schon.

Die Augen waren mandelförmig und so schwarz, dass man keine Pupille erkennen konnte. Die Lider hingen ein bisschen durch, Schlafzimmerblick von Geburt an, und schon als Kind hatte dieser Blick für Becky Liebe bedeutet. Nie wieder hatte jemand sie so angesehen und jetzt musste sie wegschauen. Bevor ihr Körper explodierte. Überall dieses Kribbeln, das sich ausbreitete wie neue Nerven, die in ihr wuchsen, in jede kleinste Ecke, sie bekam keine Luft, atmete schnell – sie wollte ihn, jetzt, sofort!

Der Pfarrer bat die Gemeinde, sich zu erheben, ein Gebet noch, dann würden sie Oma zur letzten Ruhe begleiten.

Er war gewachsen. Natürlich, aber mehr als sie, auch klar, ein Mann. Seine schwarzen Haare wilderten um das klare Gesicht, die vollen Lippen, von Bartstoppeln umrandet, lächelten und Becky erkannte den schief gebliebenen Zahn.

Er legte ihr den Arm ganz leicht um die Hüfte, nur ein Hauch, der wie ein Blitz durch Becky schoss und sie weit weg katapultierte, weit weg von den betenden, schwarzen Vögeln.

»Hi Becky, wie schön!«

Seine Stimme war sehr tief, auch wenn er flüsterte, und sie wusste nicht, was schön war. Sie? Dass sie sich trafen? Dass Oma tot war? Das Leben? Sie wusste gar nichts mehr und konzentrierte sich darauf, neben ihm hinter Omas Sarg herzulaufen. Karl lief neben Inga. Elena neben ihrem dritten Mann Wladimir. Becky neben Boris. Ganz normal.

Sie blieben an dem Loch stehen, in das Oma in ihrem Sarg hinabgelassen werden sollte.

Oma, ich denke an dich, es tut mir so leid, dass du gestorben bist. Was soll ich machen? Nur weil ich ständig an ihn denken muss, heißt das nicht, dass ich nicht auch an dich denke. Platz für alle, bitte glaube mir!

Die Wolken rissen auf.

Becky blinzelte in den Himmel und redete sich ein, das wäre nun Omas Absolution gewesen: »Schlaf mit ihm, treibt es wild, hab deinen Spaß, lass dich bloß nicht aufhalten, nutze die Zeit. Deine tote Oma!«

Inga weinte bitterlich und lag sich mit Elena in den Armen. Die verkniff sich den Vorwurf, dass ihre Schwester sogar zur Beerdigung der eigenen Mutter zu spät kam, und alles blieb gut. Boris stand mit gesenktem Kopf neben Becky. Sie berührten sich an keiner einzigen Körperstelle und knisterten doch, sprühten Funken, spürten sich. Als alle nacheinander an das Grab traten, um mit einem kleinen Schäufelchen Erde auf den Sarg zu werfen, schaute Becky Boris an.

»Gehen wir zusammen?«

Tränen liefen über seine Wangen. Er nickte, sie wischte sie zärtlich mit einem Finger weg und legte sie auf ihre Lippen, trank etwas von ihm. Dann verabschiedeten sie sich von ihrer gemeinsamen Großmutter.

Der Leichenschmaus fand in Omas Villa statt. Becky saß wieder allein hinten im Auto, während Inga vorne ihre Tränen trocknete und Karl eine Hand auf ihr Bein gelegt hatte.

»Elena ist aber ziemlich alt geworden!«, stellte Inga fest.

»Na, das geht uns wohl allen so«, meinte Karl, und da musste er mit Inga darüber diskutieren, ob sie genauso alt geworden war oder sich vielleicht doch ein bisschen besser gehalten hatte, wie sie auf jeden Fall fand.

Ja, Boris war auch älter geworden. Und wunderschön. Becky zog sich das Haargummi aus der Lockenpracht und schüttelte sie. Natürlich wusste sie, dass es ihm genauso ging wie ihr. Es war nichts verloren gegangen von der Anziehung, die schon immer zwischen ihnen bestanden hatte. Im Gegenteil, war eher mehr geworden, viel mehr, unendlich. Kaum auszuhalten diese fünfzehn Minuten Fahrt ohne ihn.

Berührte Haut erinnert sich, fiel ihr der Satz eines englischen Autors ein, den sie neulich gelesen hatte, und auf einmal wusste sie, dass sie schon da an Boris hatte denken müssen. Karl schaute in den Rückspiegel und lächelte seiner Tochter zu. »Und Boris ist ein richtig schöner junger Mann geworden. Was meinst du, Becky?«

Sie nickte.

»Ach, der sah schon immer super aus. Ganz sein Vater, der alte Hallodri«, kommentierte Inga und drehte sich zu Becky um. »Weißt du noch, als ich euch damals bei euren Doktorspielchen gestört habe?«

Sie nickte. Keine Sprache da. Nur Sehnsucht.

Endlich erreichten sie das alte, herrschaftliche Haus. Tante Elena hatte alles im Griff und zeigte ihnen das Zimmer, das für sie vorgesehen war.

»Ihr wollt doch nicht heute Abend schon wieder zurückfahren, Inga, jetzt, wo wir uns so lange nicht gesehen haben?«

Sie hatten das blaue, Familie Elena das rote, dazwischen Omas Schlafzimmer. »Da will ja wohl keiner schlafen!«

Boris schaute Becky an und zog den Mundwinkel hoch, nur ein kleines bisschen. Er stand dicht neben ihr, sein Atem in ihren Haaren.

»Macht euch ein wenig frisch, in einer Stunde treffen wir uns im Salon!«

Inga und Karl verschwanden im blauen Zimmer, Tante Elena ging nach unten, um die Dienstboten zu beaufsichtigen, und Becky blieb neben Boris stehen. Aufruhr. Der ganze Körper entzündet.

»Becky?« Er nahm ihre Hände. Schaute sie an mit den schwarzen Augen, seufzte leise.

Sie versank in seinem Blick.

»Ich habe dich so vermisst, all die Jahre!«

Dann vergrub er seine Hände in ihren Haaren, drehte ihren Kopf zu sich und küsste sie. Seine Lippen waren warm und so weich, als wären sie endlos. Ihre Münder versanken ineinander, die Zungen umschlangen sich, und Beckys entzündeter Körper wurde wild, wollte mehr, fuhr aus der Haut. Sie schob Boris Richtung Omas Zimmer, hörte nicht auf ihn zu küssen, keine Sekunde, und er wehrte sich nicht, griff nach der Klinke und sie machten sich unsichtbar für den Rest der Familie. Den lebenden zumindest.

»Oma hat nichts dagegen!«, keuchte Becky, während sie ihm das T-Shirt über den Kopf zog und deswegen doch ganz kurz den ewigen Kuss unterbrechen musste.

»Nein, bestimmt nicht. Oma nicht!«, sagte Boris und legte seine Hände auf ihre Brüste, die so fest waren, dass sie nie einen BH trug. »Die sind schön«, flüsterte er, küsste sie und schob Becky zum Bett. Es war frisch gemacht, hoch aufgetürmt, zum Nie-mehr-Benutzen gedacht gewesen. Sie ließen sich in die Wolkenberge fallen und zogen sich aus, bekamen kaum Luft, brauchten auch keine. Als sie seine Hose öffnete, um den Schwanz zu befreien, den sie als Pimmel kannte, musste sie stöhnen.

Selbst der war schöner als alle, groß, hart, gierig. Sie küsste ihn, leckte ihn, nahm ihn in den Mund und schmeckte den salzigen Tropfen, ließ ihn sich auf der Zunge zergehen, hatte nie etwas Besseres geschmeckt. Er schob sie weg, sanft, aber bestimmt, lachte ein bisschen verlegen.

»Hey, willst du, dass es gleich zu Ende ist?«

»Ich will, dass es nie zu Ende ist!«, keuchte Becky und half ihm, ihre Hose zu öffnen, schob sie mit den Füßen nach unten und weg, keine Zeit, die Hände zu gebrauchen, die hatten anderes zu tun, mussten den schönen Schwanz halten, streicheln, erregen.

»Becky, Becky, wo bist du nur so lange gewesen?«, flüsterte er, stöhnte, küsste ihre Brüste und legte seine Finger in ihre feuchte Mitte, versank in ihr, spielte mit ihrem Kitzler, als hätte er sein Leben lang nichts anderes getan. Becky stöhnte viel zu laut, und er küsste ihr den Mund zu, nahm seine Finger da weg, wo sie hingehörten.

»Nicht aufhören!«

»Du musst leise sein, oder willst du, dass sie gleich alle in der Tür stehen. Wie früher?«

Er lächelte, strich ihr die Haare aus dem Gesicht, schaute sie an, legte sich auf sie und ließ ihn in sie gleiten, so sanft, ohne Macht und doch mit so großer Bestimmtheit, dass ihr der Atem stockte und sie sich verzweifelt den Mund zuhalten musste. Sie konnte nicht leise sein. Nicht mit diesem Gefühl, das konnte nicht lautlos verhallen.

Er bewegte sich langsam, drang tief in sie ein, um sich sofort wieder zurückzuziehen und dann wieder zuzustoßen.

Sein klares Gesicht war verschwommen, plötzlich, die Augen geschlossen, nicht ganz, ein bisschen schaute er sie an unter den dichten schwarzen Wimpern, ihr lustverzerrtes Gesicht, den weit aufgerissenen Mund, der versuchte still zu sein, die Augen, die ihn nicht losließen, ihn immerzu sehen wollten, ihren Cousin, den geliebten, begehrten.

»Mehr, mach schneller, ich ... bitte ... fick mich!«, presste sie hervor, bewegte ihren Körper mit seinem, drückte sich an ihn. Er küsste sie. Hielt es dann nicht mehr aus. Konnte nicht länger verzögern, langsam sein, verlor die Kontrolle. Sie drückte ihren Unterleib nach oben, er stieß sie, stieß sie, stöhnte und sank auf ihr zusammen, legte seinen Kopf neben ihren, keuchte und ließ seine Finger in sie gleiten, befriedigte sie, streichelte sie, bis tausend Lichter in ihrem Kopf explodierten, sodass sie seinen Kuss kaum mehr spürte.

Sie holten Luft. Lagen eng umschlungen, Haut an Haut, versuchten noch näher aneinander, ineinander zu sein und für immer zu bleiben.

»Jetzt hast du deiner Cousine ein Kind gemacht!«

Boris öffnete seine Augen und schaute in Beckys. Sagte nichts.

»Okay, hast du nicht, ich nehme die Pille.«

Er grinste. »Du bist unromantisch.«

»Und du bist wie alle, erst ficken, dann fragen!«

Er stützte seinen Kopf auf und spielte mit ihren Haaren, rollte sie auf einen Finger und ließ sie wieder frei. »Wie viele waren denn alle?«

Becky tat, als müsste sie lange überlegen, ließ ihre Finger hochschnellen, fing bei zehn wieder von vorne an. Er stöhnte, küsste sie und beendete das Spiel. Küsste sie so, dass alles schon wieder von vorne begann. Der Körper richtete sich ein, machte sich bereit, fing an zu brennen.

»Hat jemand Boris und Becky gesehen?« Tante Elena war draußen vor der Tür.

»Ich such sie, ich such sie!«, kreischte Marvin, das kleine Verwandtenkind.

Schnell lösten sie sich voneinander, sprangen aus dem Bett, suchten die Klamotten. Drehten Hosen und Socken und T-Shirts von links auf rechts.

»Marvin, da nicht, das war Omas Zimmer!«

Becky zog Boris das T-Shirt wieder an, schade, küsste noch einmal die Brust, ordnete seinen Schwanz in die Hose, der nicht recht wollte und schon wieder auf etwas ganz anderes aus war.

»Becky, Boris? Vielleicht sind sie im Garten!«

Die Luft war rein und es blieb noch eine viel zu kurze Zeit für einen Kuss.

Die riesige Tafel im Salon war feierlich gedeckt. Weiße Tischdecke, und viele Kerzen erleuchteten die schwarzen Vögel, die schon wieder lachen konnten. Becky schickte Boris vor und verschwand im goldenen Bad. Wie oft hatte sie Oma als Kind gefragt, wofür ein Bidet da ist? Jetzt wusste sie es, hätte es gebrauchen können, wollte aber nicht. Lieber alles behalten, Boris in sich tragen. Sie schaute in ihr aufgewühltes Gesicht im Spiegel. So verliebt, so befriedigt und so unbefriedigt schon wieder.

Boris hatte den Platz neben sich freigehalten und erzählte irgendeine Geschichte aus der Schule. Nur keine Fragen. Er war witzig, alle lachten und Becky zitterte stolz neben ihm.

»Er hat mich gerade ganz wunderbar gefickt!«, hätte sie

am liebsten gesagt. Stattdessen: »Kann ich etwas Gurkensalat haben?«

Boris legte seine Hand unter der Tischdecke auf ihr Bein, strich sanft darüber, sie stöhnte leicht.

»Geht's dir nicht gut, Becky?«, fragte Inga nach und zog die Augenbrauen hoch.

»Alles okay!« Becky schob die Hand weg und legte ihre auf seinen Schritt, konnte ihn fühlen, den Schwanz, den schönen.

Inga und Elena redeten aufeinander ein. Lange nicht gesehen. Ausgesöhnt. Viel zu erzählen und Wladimir war auch neu.

»Schade, dass Oma das nicht mehr erleben kann!«, sagte Becky und öffnete Boris' Hose unter der Tischdecke.

»Alles hat seine Zeit, nicht wahr, Inga? Und Mutti schaut uns bestimmt von oben zu!«, meinte Elena und reichte den Fleischteller weiter.

Boris tat so, als wäre nichts. Er konnte das. So wie beinahe lautlos vögeln. Der Schwanz bog sich hart in ihrer Hand, Becky streichelte ihm Trost, was ihn nur noch mehr provozierte.

Boris schaute sie an. »Fleisch?«

»Danke, hab schon!« Becky kicherte. Stocherte mit der freien Hand im Gurkensalat und starrte auf das mongolische Wandbild. Zwei finstere Reiter, die sich töten wollten. Alles rot.

»Becky, könntest du bitte die Hand auf den Tisch legen?«

»Kann sie nicht, die ist in der Hose vom Boris!« Marvin war unbemerkt unter den Tisch geklettert, spielte Hund. Und Petze.

Schnell zog Becky die Hand weg und legte sie auf den Tisch. Die Mütter starrten sie an.

»Quatsch!«, sagte Becky.

»Ich hab's genau gesehen!«, schrie Marvin, tauchte mit krebsrotem Kopf auf und grinste ohne Vorderzähne. Boris fuhr sich durch die schwarzen Haare. Elena sprang auf.

»Das darf doch nicht wahr sein. Was hast du denn für eine Tochter? So was von pietätlos. Und überhaupt!«

Inga faltete die Serviette und kochte. »Wenn es so war, dann gehören ja wohl zwei dazu!«

»Jetzt streitet doch nicht!«, versuchte Karl zu schlichten. Vergeblich.

»Das ist dieser lockere Umgang mit allem, so war das schon immer bei dir. Kommst ja sogar zu spät zur Beerdigung deiner Mutter, alles egal, die große Inga macht, was sie will, und ihre verdorbene Tochter auch!«

Alle starrten sie an. Becky stand auf und verschwand ins Bad.

»Das ist ja wohl das Letzte!«, hörte sie ihre Mutter noch, bevor die Glastür hinter ihr zufiel. Im Spiegel dasselbe Gesicht. Rote Wangen. Glasige Augen. Sie vergrub es in den Händen.

»Boris ...«

»Bin da!« Lautlos. Strich ihr die Haare aus dem Gesicht. Küsste sie wild und machte sich an ihrer Hose zu schaffen.

CHRISTINE FEHÉR
ICH WILL MIT DIR

Jonas tritt in Boxershorts ans Fenster und drückt eine der Lamellen seiner Jalousie leicht nach unten, um hinausschauen zu können. Der Morgentau glitzert auf dem Rasen im Vorgarten und der letzte Rest eines zarten Frühnebels wird von den noch schräg stehenden Sonnenstrahlen aufgenommen.

Hoffentlich trocknet der Boden bald ganz, denkt er, damit sie später nicht im nassen Gras liegen müssen. Denn heute ist DER Tag. Seiner und Natalies. Ihr Halbjähriges. Heute soll es passieren, zum ersten Mal. Sie haben es beide schon lange gespürt, aber Jonas wollte noch warten. Das Verlangen auskosten, statt das zu machen, was alle gleich machen, das Begehren wachsen lassen, bis sie sich beide ganz sicher waren und an nichts anderes mehr denken konnten. Für keinen von ihnen ist es das erste Mal. Miteinander schon.

Jonas spürt, wie er hart wird bei dem Gedanken an Natalie. An ihre geschmeidigen Lippen und ihre Zunge, die immer ein bisschen nach frischen Erdbeeren schmeckt; an ihre weiche Taille, die zarte Haut unter dem Ansatz ihrer Brüste. Das Rascheln des Stoffes, wenn er die Träger ihres Tops von den Schultern streift, um ihre Halsbeuge zu küssen. Ihre Fingernägel, die so sachte über seinen erhitzten Rücken streichen, dass er eine Gänsehaut davon bekommt, und die Wärme in ihrem Slip, die es seinem Finger leicht macht, sie zu streicheln. Als sie gestern Abend hier auf seinem Bett gelegen haben, hatte er es kaum noch ausgehalten und hätte es am liebsten sofort gemacht. Natalies Küsse waren anders gewesen als sonst, sie schien gar nicht mehr aufhören zu wollen, dann hatte Jonas sie seufzen gehört. Sie hatte ihr Becken an ihn gedrängt und sich sanft bewegt, erst langsam, dann immer heftiger.

»Ich will mit dir«, hatte sie geflüstert. Sie hatten sich auf heute geeinigt. Auf heute gefreut. Zum ersten Mal Natalie und er – aber nicht hier in seinem unaufgeräumten Zimmer. Es soll etwas ganz Besonderes werden. Nicht so wie bei den anderen. Sie wollen es im Freien machen. Das war Natalies Idee, sie liebt das Außergewöhnliche, fasziniert ihn immer wieder mit ihren Ideen. Sturmfreie Bude hat schließlich jeder Mal, aber im Freien – darauf muss man erst mal kommen.

Es ist noch früh. Sein CD-Wecker zeigt erst halb acht, verabredet sind sie am Nachmittag. Natalie will einen Picknickkorb packen, dann wollen sie mit den Fahrrädern irgendwo hin, wo es einsam ist, in den Wald, zu einer Lichtung, die sonst niemand entdeckt. Schon jetzt stellt Jonas sich Natalies biegsamen Körper auf der roten Fleecedecke vor, die er im Moos ausbreiten wird, und alle Zeit der Welt nur für sie beide. Er legt sich wieder ins Bett und kann nicht anders, als es sich schnell selbst zu machen.

Wenige Stunden später treten sie Hand in Hand auf die Straße. Die Julihitze hat sich in der Stadt eingebrannt und nimmt Jonas fast den Atem, in seinem Zimmer war es kühl und schattig gewesen. Natalie hat ihr Fahrrad an seines angeschlossen, ihr langes, braunes Haar rutscht ihr von den nackten Schultern, als sie sich bückt, um das Kettenschloss zu lösen. Heimlich wischt Jonas seine Hände an den Hosenbeinen ab. Gerade eben hat sie gesagt, dass sie es immer noch will, jetzt radelt er hinter ihr her, sein Blick auf ihrem schmalen Rücken, den nackten Beinen, sie hat mal gesagt, dass es sie erregt, wenn sie über Kopfsteinpflaster fährt. Jonas malt sich aus, wie sie davon schon jetzt feucht wird und Lust bekommt, Lust auf ihn.

Er atmet durch, als endlich die Stille und Kühle des Waldes sie umfängt. An einem Ferientag wie diesem, mitten in der Woche und bei über dreißig Grad, verirrt sich kaum jemand hierher; bis auf zwei Hundebesitzer scheint alle Welt zum Baden gefahren zu sein. Der unebene Boden unter ihren Rädern zwingt sie, das Tempo zu drosseln. Jonas fährt so dicht neben Natalie, wie es geht, und legt einen Arm um ihre Schulter, lenkt sein Rad mit einer Hand weiter. Eine dicke Wurzel bringt beide zum Schlingern. Lachend bremsen sie und steigen ab. Sie ketten die Räder an einen Baum, nehmen ihr Gepäck ab und folgen einem schmalen Pfad, der vom Hauptweg abzweigt.

Immer wieder bleiben Jonas und Natalie stehen, um sich zu küssen, zärtlich tasten ihre Zungen einander ab, fahren an den Zahnreihen des anderen entlang, streicheln die weichen, feuchten Innenseiten der Lippen, betupfen sich gegenseitig wie kleine Pinsel. Jonas kann es kaum erwarten, seine Freundin endlich ganz zu spüren. Irgendwo muss doch eine Lichtung sein, denkt er, oder ein anderer versteckter Ort, auf dem wir unsere Decke ausbreiten können. Plötzlich bleibt Natalie abrupt stehen.

»Dort hinten«, meint sie und deutet auf eine Stelle etwas

abseits des Pfades. »Schau mal, wie dicht das Moos dort ist! Man braucht gar keine Decke, um weich zu liegen.«

Aber dann legen sie sie doch aus und plötzlich werden sie beide nervös. Jonas spürt, wie seine Hände zittern, als er den Rucksack von den Schultern gleiten lässt und gegen einen Baum lehnt, und auch Natalie macht sich länger als nötig am Picknickkorb zu schaffen. Weder sie noch er bekommt viel von den mitgebrachten Sandwiches und Kuchen hinunter, stattdessen fangen sie an, sich gegenseitig zu kitzeln und mit Weintrauben und Kirschen nacheinander zu werfen. Natalie hängt sich zwei der tiefroten, prallen Früchte übers Ohr, und sofort beginnt Jonas, sie mit den Zähnen abzupflücken. Jetzt, denkt er und spürt die Erregung in seinem Körper wachsen; jetzt, das ist genau der Moment. Auch Natalie sinkt mit einem wohligen Seufzer auf die Decke, sie hat es schon immer genossen, wenn er an ihrem Ohrläppchen knabbert, dann mit seinen Lippen über den Hals abwärtswandert, um schließlich …

»Warte mal«, flüstert sie, als er gerade in Fahrt gekommen ist, seine Hand unter ihr Top geschoben, die erhitzte und feuchte Haut zwischen den Brüsten gefühlt hat. »Warte mal, da drückt irgendwas unter mir.« Sie richtet sich wieder auf, tastet die Stelle ab, auf der sie gelegen hat, findet nichts, keinen Stock, keinen Stein.

Schließlich ist es Jonas, der den Kirschkern von ihrem Rücken klaubt, eigentlich hat er ihn doch weit weggeworfen. Sie kichern leise, ehe Natalie ihn umarmt und wieder an sich zieht, jetzt gibt es nichts mehr, was noch stören könnte. Dann wird sie plötzlich ernst, er versteht, was sie sagen will, als sie schweigend in seinen Augen versinkt. Noch einmal blicken sie sich um, ob sie auch wirklich ungestört sind und nicht etwa von Spaziergängern überrascht werden können. Jonas lächelt seine Freundin an, ganz dicht schwebt sein Gesicht über ihrem, während er ihr die Träger ihres Tops von den Schultern streift. Sie kitzelt ihn an der Hüfte, kennt genau die Stelle, auf die er am schnellsten reagiert, doch Jonas will nun nicht mehr herumalbern, er küsst Natalies Kichern einfach weg.

Beide spüren, wie heftig ihre Herzen schlagen, als sie schließlich nackt nebeneinanderliegen. Jonas hört das Summen dieses hochsommerlichen Nachmittags, das in der flirrenden Luft liegt, fühlt Natalies Atem an seinem Gesicht und ihre zärtlichen Finger in seinem Haar. Es ist der perfekte Augenblick, denkt er, hört nicht auf, sie zu streicheln und ihr liebevolle Worte ins Ohr zu flüstern. Mit der rechten Hand gleitet er in ihren Slip, streicht sachte über die zarte Haut, erkundet die feuchte Wärme, spürt, dass auch sie bereit ist, umschließt ihre hart gewordenen Brustknospen mit den Lippen. Langsam schiebt er sich über sie, will eindringen, doch plötzlich schreit sie auf. Jonas hält inne. Es kann nicht sein, dass es ihr wehtut, denkt er; und auch nicht, dass sie schon kommt. Natalies Körper dreht und windet sich unter seinen Händen, ihr Atem stockt.

»Au! Warte mal –«, sagt sie und drückt ihn von sich.

»Was ist denn?«, fragt Jonas, irritiert, genervt, bemüht, seine Enttäuschung zu verbergen. Der Moment ist vorbei, und er weiß, dass sich die ganz besonderen Augenblicke nicht wiederholen lassen. Natalie richtet sich zum Sitzen auf, schnickt etwas vom Oberschenkel.

»Was ist?«, erkundigt sich Jonas. Noch könnte er weitermachen, schon vergräbt er wieder sein Gesicht in ihrer Halsbeuge und küsst sie, schlingt seine Hände erneut um ihre

Taille, will nicht, dass der Zauber dieser Stunde vorüberzieht, was hat sie nur, da ist doch nichts. Aber Natalie stemmt ihre Arme gegen seine Schultern.

»Es geht nicht«, japst sie. »Nicht hier. Es ist alles voller Ameisen, merkst du das nicht auch?«

Mit einem leisen Stöhnen setzt sich nun auch Jonas auf. Im selben Augenblick sieht er es. Am Fußende der Decke ist einer seiner Sneaker in einen Ameisenhaufen gerutscht. Die winzigen Tiere krabbeln in alle Richtungen, über Natalies Oberschenkel, Hüfte, Busen. Natalie springt hektisch auf, wischt die Ameisen weg.

»Hier bleibe ich nicht«, keucht sie und schlüpft bereits in ihren Rock, ehe sie ihre übrigen Kleidungsstücke zusammenrafft. »Nicht eine Minute länger. Komm.«

»Schon gut.« Auch Jonas streift seine Boxershorts und die Jeans über und versucht, sich seine Enttäuschung nicht anmerken zu lassen. Er flucht innerlich; warum nur hat er nicht auf Ameisen geachtet, ehe sie die Decke ausgebreitet haben? Und auch sie nicht?

Sie schweigen beide, während sie ihre Sachen zusammenpacken. Hand in Hand gehen sie zurück zu ihren Fahrrädern, Natalie küsst ihn, doch Jonas spürt, dass nun etwas zwischen ihnen schwebt, das es unmöglich macht, den Versuch zu wiederholen. Verstohlen betrachtet er Natalies Gesicht von der Seite und bemerkt eine Träne, die in ihren Wimpern hängt.

»Hey«, flüstert er und bleibt stehen. »Nicht weinen, Süße. Wir haben noch so viel Zeit, es muss nicht heute sein. In meinem Bauch kribbelt es tausendmal mehr, als die Ameisen das je schaffen würden.«

Bereitwillig lässt sich Natalie von ihm trösten, und doch ist die Stimmung zwischen ihnen gedrückt, als sie etwas später in die Stadt zurückkehren. Vor Natalies Haus blickt Jonas an der Fassade hoch, als könnte er damit feststellen, ob ihre Eltern zu Hause sind. Natalie lacht leise in sich hinein.

»Komm mit rauf.« Sie nimmt seine Hand. »Dann werden wir es schon sehen.«

In der Wohnung ist alles still. Jonas spürt, wie trocken seine Kehle ist, die Getränke vom Picknick haben sie weggegossen, nach all den Stunden in der Sommerhitze waren sie warm und schal geworden. Auch Natalie ist durstig und verschwindet in der Küche, kehrt wenig später mit einem kleinen Tablett, einer Flasche eisgekühlter Cola und zwei Gläsern zurück. Sie stürzt ihr Glas so schnell herunter, dass sie einen Schluckauf bekommt.

»Jemand denkt an dich«, scherzt Jonas und umarmt sie von hinten, drückt seine Hände sanft auf ihren Bauch, um den Schluckauf zu stoppen, spürt ihren Po und knabbert an ihrem Ohrläppchen, schon ist seine Erregung wieder da. Natalie wendet sich zu ihm um, teilt seine Lippen mit ihrer Zunge, beide versinken ineinander, sie kommen kaum zum Luftholen, der Schluckauf verschwindet so plötzlich, wie er gekommen ist.

»Das war die beste Medizin«, murmelt sie und macht sich mit der linken Hand an seinem Gürtel zu schaffen, keiner von ihnen will sich heute von dem anderen verabschieden, ohne dass es passiert ist, es schwebt noch immer im Raum und noch ist dieser Tag nicht vorbei. Natalie stellt ihre Stereoanlage an und legt eine CD mit romantischen Balladen ein, ehe sie Jonas' Hand nimmt und ihn langsam zu sich aufs Bett zieht.

»Ich hab immer noch Lust auf dich«, murmelt sie verliebt an seinem Hals und schiebt ihre Hand unter sein T-Shirt, streicht über seinen Rücken, der noch warm von der Sonne ist oder von seiner Leidenschaft. »Komm.«

Minuten später haben beide alles um sich herum vergessen, Jonas vergräbt das Gesicht in Natalies Haar, fährt mit seinen Händen über ihren Körper, will jede Sekunde auskosten, bis es endlich so weit ist und er sie ganz spüren darf. Die Küsse seiner Freundin verraten ihm, dass auch sie nicht länger warten will. Dennoch löst Jonas seine Lippen von ihren und blickt ihr in die Augen, ertrinkt darin. Nie zuvor hat er sich ihr so nah gefühlt. Sie nickt kaum merklich. Keiner von beiden muss noch etwas sagen.

Im selben Moment klopft jemand an die Tür.

»Raubtierfütterung!«, tönt die Stimme von Natalies Mutter und schon geht die Zimmertür auf. Die Mutter tritt ein, in den Händen ein großes Tablett mit belegten Broten, einer Schale Obst und zwei Bechern Kakao. Jonas' Herz wummert, als habe die Mutter sie bereits mittendrin ertappt.

»Ich dachte, ihr könntet eine kleine Stärkung gebrauchen«, erklärt sie. »Ich wollte nicht stören.«

»Tust du aber«, motzt Natalie. »Wenn du nach dem Anklopfen gleich reinstürmst, kannst du es dir auch sparen.«

Jonas bemerkt ihr gerötetes Gesicht, ihre an die Zimmerdecke gerichteten Augen, er weiß, dass sie einen Kloß im Hals hinunterschluckt. Der Moment ist vorbei, schon wieder, selbst wenn ihre Mutter wieder geht und sie für den Rest des Tages in Ruhe lässt. Er will nicht, dass Natalie traurig ist. Beide atmen durch, als die Mutter die Tür von außen schließt. Jonas legt seine Arme um Natalie.

»Die Sommerferien fangen ja gerade erst an«, erinnert er sie. »Morgen sehen wir uns wieder, und wenn du willst, jeden Tag.«

Aber Natalie scheint ihn kaum gehört zu haben.

»Kakao«, schnaubt sie. »Mama hat nichts begriffen.«

Am nächsten Morgen liegt etwas Schweres in der Luft, die Wolken hängen tief, schon um zehn Uhr zucken Blitze über den taubenblauen Himmel, noch weit entfernt, aber unübersehbar. Als Jonas das Fenster aufreißt und sich hinauslehnt, meint er, nicht atmen zu können, so feucht schlägt ihm die Luft entgegen. Kein Windhauch erfrischt seine Stirn, das T-Shirt klebt schon jetzt am Körper und jede Bewegung treibt Schweißperlen auf seine Oberlippe. Kein guter Tag, um es noch einmal zu versuchen, denkt er, und kann doch nur wieder an das eine denken; wahrscheinlich ist auch Natalie jeder Schritt zu viel. Jonas geht duschen, danach fühlt er sich etwas erfrischter, zieht eine saubere Boxershorts und ein Achselshirt an, checkt sein Handy, ob inzwischen eine SMS von Natalie eingegangen ist. Wahrscheinlich ist es noch zu früh, denkt er; in den Ferien schläft sie gern lange. Unschlüssig wandert er durch die Wohnung, seine Eltern sind längst zur Arbeit gefahren, der Vater ins Büro, die Mutter in die Tierklinik, wo sie als Assistentin arbeitet. Vor siebzehn Uhr wird keiner von beiden zurück sein. Er geht in die Küche und nimmt die angebrochene Literpackung Milch aus dem Kühlschrank, trinkt gleich aus der Öffnung, die Milch hat schon einen leichten Stich, wie es bei schwülem Wetter oft vorkommt; angewidert schüttet er sie in den Ausguss. Ein wenig ist beim Trinken herabgetropft, mit dem Zeigefinger wischt er das schmale weiße Rinnsal von seinem Kinn und denkt dabei an Sperma. An Natalie. Daran, dass sie es noch immer nicht getan haben, obwohl sie es beide so sehr wollen. Zurück in seinem Zimmer, schreibt er ihr, wie sehr er sie vermisse, obwohl nur eine einzige Nacht zwischen ihnen liegt. Sie antwortet sofort, und eine halbe Stunde später steht sie vor ihm, das Kleid noch kürzer als gestern, für jedes Kleidungsstück ist es zu heiß, Jonas spürt zuerst die Kühle des Treppenhauses und dann umso drückender die stickige Luft in der Wohnung, nachdem er die Tür geschlossen hat.

»Hast du wirklich sturmfrei?«, will Natalie wissen, sie hat ihre Tasche auf den Boden gestellt und sieht ihn an, er bemerkt ihre leicht aufgeblähten Nasenflügel, er weiß, dass sie es liebt, wenn er frisch geduscht ist und duftet, nach Männershampoo und nach sich selbst, schon lehnt sie sich an ihn und vergräbt ihre Nase in seiner Halsbeuge.

»Lange genug«, verrät er und schiebt seine Hand in den Rückenausschnitt ihres Kleides, aus dem Augenwinkel bemerkt er, dass ein leichter Luftzug die Gardine vor seinem Fenster aufbläht. Vielleicht ist das ein gutes Zeichen, vielleicht soll es heute sein. Jonas' Finger ertasten den Reißverschluss von Natalies Kleid, er geht leicht auf, sie seufzt erleichtert, als das zarte Stück Stoff zu Boden fällt, ihre Haut darunter fühlt sich überraschend kühl und feucht an.

Und dann geht alles ganz leicht. Die Gewissheit, dass niemand ins Zimmer platzen wird. Das lang aufgestaute Verlangen, die Verliebtheit. Als sie aufs Bett sinken und Jonas sich über seine Freundin beugt, sieht er ihre erste Begegnung vor sich, sieht Natalie tanzen, auf der Geburtstagsparty einer Schulkameradin war es gewesen, sieht den Schwung ihrer Beine und ihrer Hüfte, rhythmisch, und doch hatte er genau gemerkt, dass sie nicht ahnte, was sie in ihm auslöste, als sie ihre Arme wie zwei Schlangen über ihrem Kopf und dann vor seinem Gesicht bewegte. Jetzt lässt er seine Hände über ihre bloßen Schultern gleiten, fährt mit Lippen und Zunge darüber, sie antwortet damit, dass sie mit ihren schmalen Fingern seine Pobacken umschließt und mit ihrem Mund nach seinem sucht. Jetzt, denkt er. Dieses Mal stimmt alles, dieses Mal ist es so weit. Er lässt seinen Gefühlen, seinem Begehren freien Lauf und spürt, dass sie dasselbe fühlt wie er, die feuchte, schwüle Luft scheint sie erst recht anzufachen. In Jonas' Ohren rauscht es, kaum vermag er zu bestimmen, ob es von Natalies Atem oder dem aufkommenden Wind draußen herrührt, jetzt gibt es kein Halten mehr, keinen Weg zurück, jetzt gleich wird endlich geschehen, was sie so lange ersehnt haben, jetzt zählen nur noch sie beide, nur noch Genuss. Er sieht ihre Augen, ihre Lippen, ihre Haut wie das Aufflackern einer Kerze, dann wieder schließt er die Augen und fühlt nur noch, es überwältigt ihn, er muss aufpassen, nicht zu kommen, bevor er überhaupt eingedrungen ist.

Plötzlich kracht es über ihren Köpfen. Wie ein Bombeneinschlag oder ein Flugzeugabsturz. Als ob das Haus zusammenbricht und die Steine einzeln auf sie beide niederstürzen. Natalie fährt zusammen und schreit auf, Jonas spürt einen stechenden Schmerz in der Schulter, sie stößt ihn von sich, die Augen geweitet vor Schreck, jetzt zittert sie nicht mehr vor Erregung, sondern bebt vor Angst. Jonas setzt sich auf und fährt mit der Hand über seine schmerzende Stelle, helles Blut klebt an seinen Fingerkuppen. Natalie muss ihn gebissen haben.

»Es ist nur ein Sommergewitter«, seufzt er in den nächsten Donner hinein. Nicht schon wieder, denkt er. Gleich darauf zuckt ein Blitz über den inzwischen fast nachtdunklen Himmel und erhellt den Raum sekundenlang wie in einem Gespensterfilm. »Ich hätte das Fenster schließen sollen, aber die Luft ...«

31

»Es geht schon«, keucht sie und will ihn wieder an sich ziehen, küsst die wunde Stelle an seiner Schulter. »Wirklich, ich habe mich nur erschreckt, Jonas, entschuldige. Komm.«

Aber Jonas rührt sich nicht, er verharrt stumm auf der Bettkante und reagiert nicht auf Natalies Versuche, da weiterzumachen, wo das heftige Gewitter sie unterbrochen hat. Jonas schluckt.

»Es geht nicht mehr«, gesteht er, sein Herz wummert, aber jetzt von dem Schrecken, den sie ihm mit ihrem plötzlichen Aufschrei eingejagt hat, sie kann nichts dafür, trotzdem. »Es tut mir leid.«

Natalie lässt sich rücklings aufs Kissen fallen. Vor dem Fenster gewittert es noch immer, nur ganz allmählich scheint das Unwetter weiterzuziehen, Jonas hört das Abebben des Donners, verfolgt die schwächer werdenden Blitze, er hätte wissen sollen, dass sich seine Freundin vor Gewitter fürchtet. Wütend auf sich selber geht er ins Bad. Dort braucht er lange, bis er wieder zu ihr zurückgehen kann.

Natalie hat sich inzwischen angezogen und steht am Fenster, um den Regen zu beobachten, der noch immer in dichten Fäden vom Himmel strömt. Die Luft draußen hat sich kaum abgekühlt, Natalie streckt einen Arm aus und lässt ihn berieseln. Als Jonas hinter sie tritt und seine Arme um ihre Taille schlingt, dreht sie sich abrupt um und sieht ihn an.

»Lass uns was ganz Verrücktes machen«, sagt sie. »Hast du schon mal im Sommerregen geduscht?«

Die Straße ist menschenleer, bei diesem Wetter geht niemand freiwillig nach draußen, obwohl das Gewitter sich inzwischen fast ganz verzogen hat und es nur noch regnet. Zuerst bleiben Jonas und Natalie im Vorgarten stehen, eng umschlungen geben sie sich dem warmen, weichen Regen hin, der ihre Körper erfrischt. Wie Kinder öffnen sie ihre Münder, um davon zu trinken, zeigen sich gegenseitig, wie nass ihre Kleider schon sind. Jonas sieht Natalies Brustspitzen, die sich unter dem zarten Stoff ihres Sommerkleides abzeichnen. Ihr Anblick lässt ihn nicht los, erregt ihn. Inzwischen kennt er sie jedoch, sie wird heute nicht mehr wollen, zu oft ist es jetzt schon schiefgegangen, am besten, sie vergessen ihr Vorhaben und genießen ihre Liebe einfach so, bis sich von allein wieder mehr ergibt. Es gibt eben Dinge, so sagt er sich, die man nicht planen kann.

Um sich abzulenken, schlägt Jonas vor, erneut die Fahrräder zu nehmen. Ausgelassen fahren sie durch die Pfützen, dass es spritzt, gondeln durch die Wohnstraßen in der Umgebung, durch den leeren Park, zur freien Badestelle am See. Auch hier ist niemand, natürlich soll man bei Gewitter nicht ins Wasser, wahrscheinlich sind heute die Badegäste gar nicht erst erschienen, es hatte ja schon früh in der Luft gelegen. Jonas beobachtet die fallenden Tropfen, die auf der Wasseroberfläche Kreise um sich bilden; Natalie hat bereits ihre Sandalen ausgezogen und prüft mit dem großen Zeh die Wassertemperatur.

»Ist das warm!«, ruft sie und ist schon drin, nasser kann ihr Kleid nicht mehr werden, sie macht sich nicht einmal die Mühe, es abzustreifen. »Wie in der Badewanne! Komm auch rein, es ist herrlich!«

Das lässt sich Jonas nicht zweimal sagen; auch er stellt nur seine Schuhe ab und stürzt sich mit einem Hechtsprung in den See. Sie toben und schwimmen, bespritzen sich gegenseitig, um dann wieder eng umschlungen in den seichten Wellen zu stehen und sich unaufhörlich zu küssen. Er kann nicht anders, als seine Hand in ihren Slip wandern zu lassen, und auch sie drückt sich gegen seine Hüfte, es gibt niemanden mehr außer ihnen beiden. Hier, denkt er und umkreist ihre Zungenspitze mit seiner, endlich.

Jonas spürt Natalie, dass es ihm beinahe schwindlig wird vor Sehnsucht, in dem dünnen, durchnässten Kleid erscheint sie ihm fast noch begehrenswerter als nackt, mit dem Daumen fährt er über ihre Brust, lässt sie spüren, dass er mehr will als nur küssen. Auch sie macht immer weiter, lässt ihre Hände über sein T-Shirt wandern, dann darunter, reibt sich an seinem Becken, an ihm, ohne auch nur für eine Sekunde die Lippen von seinen zu lösen. Noch immer prasselt der Sommerregen wie eine sanfte Dusche auf sie herab, Rinnsale von Wasser fließen über ihre Körper. Natalie taucht bis zu den Schultern ein und umschlingt seine Hüfte mit ihren Beinen.

»Ich will mit dir«, flüstert sie dicht an seinem Ohr. »Jetzt.«

FINNISCHER STANDARD

Es ist heiß. Verdammt heiß. Die Luft riecht nach Kräutern und einer Prise Salz. Onkel Max stößt einen tiefen Seufzer aus. Er strafft den Rücken und zieht den Bauch ein. Sanduhren werden auf den Kopf gestellt. Dann verstummen die Gespräche. Imaginärer Trommelwirbel setzt ein. Die Tür öffnet sich. Ein kühlender Luftstrom. Die Meisterin betritt die Arena. Sie trägt ein knappes Höschen und ein weißes hautenges Top, zwei Holzeimer und ein selbstsicheres Lächeln. Vor allem dieses Lächeln macht mich nervös. Der Zug um die Lippen. Verwegen. Anzüglich. Verführerisch. Ich senke den Blick. Gedanken bahnen sich ihren Weg. Aus der Menge lösen sich undefinierbare Laute. Ich beiße mir auf die Lippe.

»Sie ist die Beste«, keucht mein Onkel. Sein Gesicht: knallrot. Seine Begeisterung: grenzenlos. Er kennt sich aus. Mit Frauen, mit Hitze, mit dem Leben. Er hat die halbe Welt bereist und es zu vier Kindern auf drei Kontinenten gebracht. Eine Leistung, für die er in unserer Familie aber kaum Anerkennung findet.

»Eisminze«, sagt die Frau.

»Anna«, röchelt mein Onkel.

Anna ist schön, Anna ist schlank, Anna lässt den Eimer mit Eis herumgehen.

»Nur an die Schläfe halten«, sagt sie. Ihre Stimme ist fest. Ungewöhnlich fest für ihre zierliche Erscheinung. Jedes Wort eine Stufe, über die man gehen möchte. Ich greife in den Eimer. Die Kälte saugt an meinen Fingern. Crushed-Ice, ein kleiner Schneeball, liegt vor mir auf dem Handtuch. Anna streift sich weiße Handschuhe über. Das blonde Haar hat sie nach hinten gebunden. Sie lächelt. Nur kurz. Und nicht in meine Richtung. Die Ränge sind voll besetzt. Dreimal so viele Männer wie Frauen. Übergewicht und schlaffe Genitalien, so weit das Auge reicht. Bei einigen hat der letzte Abschnitt des körperlichen Zerfalls begonnen.

Ich bin sechzehn. Das ist mein erstes Mal. In der Sauna. Wegen Onkel Max. Er hat einfach keine Ruhe gegeben. »Neunzig Grad können die Hölle sein. But hell is the place to be«, hat er gesagt und mich hierhergeschleppt. »Du musst unbedingt lockerer werden. Deine Eltern haben dich zu einem Musterknaben gemacht. Wenn du nicht bald die Kurve kriegst, hast du irgendwann einen Doktortitel, aber keinen Spaß.«

Auch wenn er auf den Zusatz »wie dein Vater« verzichtet hat, hat er mich damit gekriegt. Deshalb sitze ich jetzt in vorderster Reihe, zwanzig Zentimeter vom Ofen entfernt, beginne langsam zu schwitzen und warte darauf, *Spaß* zu haben. Ich lege den Eisklumpen neben meine Füße. Um meine Zehen schleicht Polarluft.

Anna bereitet ihre Zeremonie vor. Ihre Bewegungen sind geschmeidig. Konzentriert faltet sie ein weißes Handtuch und hängt es neben den Ofen. »Wem's zu heiß wird, nicht abwarten, sondern rausgehen.« Sie nimmt die Schöpfkelle und gießt Wasser auf die Steine. Zischen. Kleine Dampfwolken. Kollektives Stöhnen. Von hinten. Geflüster.

»Bitte Ruhe«, sagt Anna. Ihr Blick eine Warnung. Sie greift zum Handtuch. Sie wirbelt es über ihrem Kopf. Wie ein Lasso. Mich dürfte sie damit einfangen. Mein Onkel hält sich einen Eisbrocken an die Stirn.

»Spürst du das?«, sagt er.

»Was?«

»Die Hitze. Die trockene Gluthitze. Wie in der Sahara. Wird noch heißer. Drei Durchgänge, ab in den Bodensee, und du bist ein neuer Mensch.« Er lächelt. Ich habe Schwierigkeiten zu atmen. Meine Lungenflügel gehen demnächst in Flammen auf.

Anna bewegt sich im Uhrzeigersinn durch die Sauna. Sie hat einen kleinen Po. Apfelförmig. Schlanke Beine und sehnige Arme.

Ich stelle mir vor, mit ihr zu schlafen. Das ist nichts Besonderes. Seit ich auf Testosteron bin, gehört Sex zu meinem gedanklichen Alltag. Auf diese Weise hab ich es schon mit tausend Frauen getan. Mindestens. Mal nur zum eigenen Vergnügen, mal selbstlos, stundenlang. Alles beginnt in meinem Kopf. Alles endet dort. Den Moment dieser Fantasien kann ich nicht bestimmen. Auch nicht den Ort. Ob im Klassenzimmer, an der Tafel. Im Schwimmbad auf dem Sprungturm. Oder – ganz klassisch – beim Tanzen mit einem hübschen Mädchen. Kontrolle ist Übungssache, nach innen erregt sein, eine Kunst. Deshalb denke ich jetzt an etwas Schreckliches. Das ist der Trick. Mein Trick. An etwas Schreckliches denken. Damit bringe ich jede aufkeimende Erektion zur Strecke. Angefangen habe ich mit Serienkillern, die meine Familie auslöschen. Mittlerweile braucht es kein blutiges Massaker mehr, um runterzukommen. Meist genügt es, das Objekt meiner Begierde auf einen Zeitstrahl zu setzen und dreißig Jahre in die Zukunft zu katapultieren. Falten, Hängebusen, Übergewicht. Alter ist für mich das Gegenteil von Erotik.

Anna wedelt ihre Kundschaft nun direkt an.

»Sie gibt sich Mühe«, meint mein Onkel. »Bei ihr hab ich noch nie 'nen schlechten Aufguss erlebt.«

»Ist das ein Beruf?«, frage ich.

»Was?«

»Na, aufgießen. Braucht man dafür eine Ausbildung?«

»Kann schon sein. Sie macht das richtig gut. Mit Leidenschaft. Sollte mehr von ihrer Sorte geben.«

»Es ist also kein richtiger Beruf?«

»Doch, eventuell. Entspann dich!« Er schüttelt den Kopf. »Wie dein Vater.«

Ich schweige. Obwohl ich diese Frage für berechtigt halte. Irgendjemand muss Anna gezeigt haben, wie viel Hitze Senioren vertragen können, ohne tot umzufallen. Sonst wäre ihr Auftritt ziemlich fahrlässig.

»Gleichmäßig in den Bauch atmen«, sagt sie mit ruhiger Stimme. Ihre Folter hat Methode. Sie kommt näher. Anna ist schön. Zu schön. Die Augen. Der Mund. Die Nase. Alles perfekt. Jetzt brauche ich ihn doch, den Serienkiller. Bevor es zu spät ist. Noch einen Meter. Die ersten warmen Ausläufer streifen meine Haut. Sie lässt sich Zeit. Keiner soll zu kurz kommen. Sie wedelt zwei Mal leicht und einmal mit solcher Gewalt, dass es knallt wie bei einem Peitschenhieb. Wieder gebe ich mich einem Tagtraum hin. Ich kann nicht anders. Anna trägt das Kostüm einer Domina. In der Hand hält sie eine Peitsche. Mich turnt das an. Da wir uns niemals begegnen werden, kann ich es ja zugeben. Dominas turnen mich an.

Onkel Max stöhnt. Er leidet. Er sagt, dass man bis zum Ende durchhalten müsse. Aufgeben sei nicht drin. Aufgeben sei was für Weicheier und der Bodensee eine »geile Abkühlung«. Der totale Kick. Ich will es ihm glauben. Schweiß quillt aus seinen Poren. Er hat zwanzig Kilo Übergewicht. Mindestens. Zum Glück stinkt er nicht. Das wäre wirklich das Letzte. Gestank. Nein. Noch immer liegt über allem der Geruch von Minze. So scharf, so kühlend, dass mein Gehirn nur noch schwer zwischen Verbrennung und Erfrierung unterscheiden kann. Anna steht nun direkt vor mir. Sie verzieht keine Miene. Das passt zu meinen versauten Fantasien. Sie holt aus. Führt das Handtuch hinter ihren Kopf und reißt es durch die Luft. Mit Gewalt. Auf ihrem Gesicht zeigt sich etwas, das aussieht wie Genugtuung. Sie will mich fertig machen. Da bin ich mir sicher. Sie lächelt. Über mich. Ja, vielleicht gefällt es ihr, mich zu beherrschen. Mir wird schummrig. Noch einmal schleudert sie die glühend heiße Luft in meine Richtung. Eine Feuerwalze rollt über mich hinweg. Jetzt muss auch ich stöhnen.

»Sie meinen's heut aber gut mit uns«, presst mein Onkel hervor. Er erinnert an ein gestrandetes Walross, kurz vor dem Kollaps.

»Keiner soll zu kurz kommen«, sagt Anna und blickt zu mir. Ich antworte mit einem Lächeln. Der werd ich's zeigen. Ich werde durchhalten, bis die letzte Kelle Wasser verdunstet ist. Sie geht weiter. Ich nehme etwas Eis und reibe es mir über die Schläfen.

»Sie mag dich«, stöhnt mein Onkel. »Hast du gesehen, wie sie dich gemustert hat?«

»Weiß nicht«, meine ich und versuche normal weiterzuatmen.

»Dir scheint sie auch zu gefallen«, sagt er und grinst.

»Wieso?«

Er deutet auf meinen Unterkörper. Scheiße! Ich habe einen Ständer. Noch nicht auf Maximalgröße, aber immerhin. Erneut mobilisiere ich den Serienkiller. Seine vernarbte Visage, die vom Blut meiner Familie triefenden Hände. Es reicht nicht. Wenn er einmal steht, dann steht er. Schließlich klemme ich ihn unter meine Oberschenkel und presse die Beine zusammen. Aus der Vogelperspektive muss ich nun wie ein Mädchen aussehen. Mein Onkel amüsiert sich prächtig. »Nimm das Eis«, sagt er. »Hab ich früher auch so gemacht.«

Ich schaue ihn skeptisch an.

»Kannst auch dein Handtuch dran aufhängen.«

Anna wirft ihm einen mahnenden Blick zu. Sie deutet auf das »Bitte Ruhe«-Holzschild. Ich verfolge den Sand, der gemächlich durch die Sanduhr rieselt. Gerade mal sechs Minuten sind vergangen. Unter einer Viertelstunde solle man es nicht machen, hat Onkel Max gesagt. Der Kreislauf würde sonst nicht richtig in Schwung kommen. Ich warte, bis Anna die nächste Ladung Minz-Wasser auf die Steine kippt und sie kurz hinter dem Ofen in Deckung geht, dann nehme ich ein paar Brocken Eis und packe sie unauffällig unter mein bestes Stück. Es tut weh! Verdammt weh. Es brennt. Ich habe das Gefühl, dass er gleich abstirbt.

»Nicht übertreiben«, sagt mein Onkel. »Du willst doch noch Kinder.«

Ich mache ein unentschlossenes Gesicht. Darüber habe ich noch nicht nachgedacht. Das Eis verfehlt seine Wirkung. Die Schwellung bleibt. Wie sollte es auch anders sein? Hinzu kommt ein verheißungsvolles Kitzeln in der Lendengegend.

Totaler Kontrollverlust! In einem unbeobachteten Moment wische ich die angeschmolzenen Eisreste auf den Boden und kehre zurück in die verklemmte Ich-bin-ein-Mädchen-Position. Onkel Max erspart sich einen weiteren Kommentar. Er ist damit beschäftigt, durchzuhalten. Er lehnt sich nach vorne und tropft auf den Boden. Unter ihm bildet sich ein kleiner See. Wahrscheinlich wünscht er sich, durch den Schweiß ein paar Gramm Fett zu verlieren. Ich wünsche mir nur eines: heil aus dieser Nummer herauszukommen. Unter heil verstehe ich, dass keiner meinen Ständer sieht. Nicht jetzt und auch nicht, wenn ich in wenigen Minuten diese irdische Hölle verlasse.

Das Stöhnen wird lauter. Elf Minuten. Jemand klopft gegen das Thermometer. Der Zeiger zittert auf die Fünfundneunzig-Grad-Marke. Ich gebe mir selbst Durchhalteparolen aus.

»Nicht übertreiben«, mahnt Anna und wischt sich ein Glitzermeer aus Tröpfchen von der Stirn. Die Männer mit den eingeschrumpelten Genitalien denken gar nicht daran, aufzugeben. Kapitulation wäre so ziemlich das Letzte, was ihnen jetzt in den Sinn käme. Nicht in Gegenwart dieser jungen, wunderschönen Frau. Eine Frage der Ehre. Schwitzen bis zum bitteren Ende. Vermutlich passieren auf diese Weise die meisten Saunaunfälle. Anscheinend wollen alte Männer lieber verbrennen als aufgeben. Neben mir sitzt so ein Exemplar. Sein Körper verliert Wasser wie ein Gletscher in der Antarktis. Wenn ihn keiner aufhält, wird er die Blockhaussauna als Dörrobst verlassen. »Die Anna«, wispert er in meine Richtung. »Sie lässt uns gerne zappeln.« Er räuspert sich. Vielleicht ist es auch ein Gurgeln. »Gehst du nachher auch baden?«, fragt er mit einem Augenzwinkern. »Wie bitte?«, frage ich. Er lächelt. »Der See holt uns zurück in die Wirklichkeit.« Ein Philosoph. Er schließt die Augen. Mein Blick schwenkt zu Anna. Ihre Brustwarzen drücken durch den feuchten und durchsichtigen Stoff ihres Tops. Spitz und von kleinen Vorhöfen umgeben. Zwei Inseln. Ein berauschender Anblick. Mein auf Sex gepolter Geist arbeitet an einer textilfreien 3-D-Ansicht. Ich habe das Gefühl, jeden Moment die Holzlatte zu durchstoßen, auf der sich mein Schwellkörper wie ein Aal im Todeskampf windet. Keine Ahnung, wie lange ich noch so dasitzen kann. Wahrscheinlich drücke ich mir sämtliche Gefäße ab und muss notoperiert werden.

Die ersten Rentner geben auf. Tatsächlich. Sie schleppen sich mit letzter Kraft zur Holztür. Keiner von ihnen hat einen Ständer. Entweder sie sind dafür zu alt oder zu abgebrüht. Schnaufend retten sie sich in die kühle Nachtluft und gehen augenblicklich in Dampf auf. »Nicht gleich duschen«, ruft ihnen Anna hinterher. »Erst ein paar Schritte gehen. Sonst kippt der Kreislauf.«

Die Tür fällt mit einem Klicken ins Schloss. Anna zieht ihre Handschuhe nach. Sie wischt sich eine Strähne aus dem Gesicht. Auch an ihr geht die Hitze nicht spurlos vorüber. »Wir kommen nun zum letzten Durchgang.«

Dreizehn Minuten zeigt die Sanduhr. Endspurt. Ich male mir aus, wie ich das Handtuch unter meinem Hintern vorziehe, es um meine Hüfte schlinge und festzurre, sodass außer einer Beule nichts zu erkennen ist. Ich frage mich nur, ob ich diese Aktion mit dem Hintern zum Ofen oder umgekehrt machen soll. Egal wofür ich mich entscheide, ganz ohne aufzufallen, werde ich diesen Ort vermutlich nicht verlassen können.

Anna nimmt mich ins Visier. »Will noch jemand rausgehen, bevor ich mit dem letzten Durchgang beginne?« Ihre Frage klingt nach einer Drohung. Ich senke den Blick. Mein Onkel räuspert sich. Ein Lebenszeichen.

»Geht's noch?«, frage ich.

»Sicher. Und bei dir? Glaubst du nicht, du solltest dich mal wieder normal hinsetzen?«

Ich schüttle den Kopf.

»Was du da machst, ist bestimmt nicht gesund.«

Der dritte Durchgang beginnt. Mein Körper versucht, das Unmögliche möglich zu machen. Eine gequetschte Erektion bei fünfundneunzig Grad, Schweißproduktion auf Maximum und Hirnfunktion auf Minimum. So muss sich ein Tier fühlen, das außer Nahrungsaufnahme und Fortpflanzung keine Bedürfnisse hat. Ich stelle mir vor, wie ich, kurz bevor mein Kreislauf zusammenbricht, auf allen vieren Richtung Ausgang krieche. Ich höre die hämischen Rufe der anderen Saunagäste. »Guck mal, die Sau hat 'n Ständer.« Gelächter. Dann sehe ich Anna, wie sie als Siegerin aus der Arena tritt. Die flirrende Hitze lässt die Welt vor meinen Augen verschwimmen. Ich brülle mich selbst an. Nur in Gedanken. Zum Glück nur in Gedanken. Du musst raus, sagt mein Verstand. Bleiben, sagt mein triebgesteuertes Ich. Dann scheiße ich mich zusammen. Wie in einem dieser Army-Filme, wo der Ausbilder die Rekruten durch den Schlamm robben lässt. Aufgeben ist keine Lösung. Nicht für mich und anscheinend auch nicht für Onkel Max. Der ist mittlerweile ins Wachkoma gefallen. Anna steht nun vor mir. Anna ist sexy. Anna will gewinnen. Sie hebt die Arme mit dem Handtuch hinter den Kopf. Ihr Mund öffnet sich zu einem verzerrten »Alles klar«. Ich schaffe es gerade noch, ein Geräusch hervorzubringen, das annähernd wie ein Ja klingen muss. Sie holt aus. Ein lauter Knall. Glühend heiße Luft trifft mich wie ein Faustschlag. Mir wird schwarz vor Augen. Ich muss blinzeln.

»Hast du etwa einen Ständer?«, fragt Anna wie durch Watte.

»Was? Ich ... nein.«

»Wegen mir?«, fragt sie grinsend.

»Die ... die Hitze«, stammle ich. »Ist doch mein erstes Mal.«

Elegant legt sie das Handtuch auf den Schoß von Onkel Max. Sie schlüpft aus ihren weißen Handschuhen. Finger für Finger. Irgendwo spielt Musik. Sie wirft die Handschuhe zur Seite und fährt sich mit der Zunge lasziv über die Lippe. Onkel Max öffnet den Mund. Er spricht mit gedämpfter Stimme: »Du weißt, dass Kondome hier drin nicht funktionieren.« Er beginnt hysterisch zu lachen. Ich sage, dass ich ein Spezialkondom dabeihabe. »Finnischer Standard. Hält bis hundert Grad.« Mit den Zähnen reiße ich die Verpackung auf. Wie ein Raubtier. Anna schlüpft aus ihrem Top. Sie schwingt es über dem Kopf. In Zeitlupe. Ein Raunen geht durch die Menge. Ihr Busen. Rund. Fest. Feucht glänzend. Sie zieht ihr Höschen aus. Ein schmaler Streifen Schamhaare kommt zum Vorschein.

»Brazilian Cut«, sagt mein Onkel, der Experte. Das Höschen landet in seinem Gesicht.

Der Ofen fängt Feuer.

»Es brennt«, sage ich.

»Das hört gleich wieder auf«, sagt Anna. Sie gibt mir einen Kuss. Unsere Zungen treffen sich auf halber Strecke. Begrüßen sich mit tiefer Lust. Fingernägel gleiten scharf über meine Haut. Ein süßer Schmerz lässt mich aufstöhnen.

»Aber die Flammen«, sage ich.

Sie lacht. Laut. Sehr laut. Es zerrt in meinen Ohren. Sie lacht, während um uns herum Panik ausbricht. Flammen schlagen aus dem Ofen und schnappen nach dem Holz. Anna bleibt ganz ruhig. Ich fass es nicht.

»Jetzt haben wir die Sauna für uns«, sagt sie.

»Ich will benutzt werden«, sagt mein Blick.

Sie nimmt das Angebot an. Sie setzt sich auf mich. Sie lässt mich eintauchen. In ihre Welt.

»Das Kondom«, sage ich.

»Schon okay«, stöhnt sie. »Ist feuerfest. Höllenstandard.«

Ich höre ein Knistern, dann ein Knacken. Ein Funkenmeer, das wie eine Fontäne hinter Anna aufsprüht. Sie bewegt sich. Immer stärker wird die Hitze. Ich bedecke Anna mit Küssen. Ich kralle mich an ihr fest. Ihr Rhythmus ist mein Rhythmus. Ihr Atem mein Sauerstoff. Der Ofen steht in Flammen. Lichterloh. Eisen schmilzt. Steine vibrieren. Vulkane müssen ausbrechen.

Die Explosion.

Vor mir. Über mir. In mir.

Freiheit.

Glückliche Stille.

ANNA!

Jemand gibt mir eine Ohrfeige. Ich öffne die Augen.

Über mir: pulsierende Sterne.

Daneben: mein Onkel.

Ich schaue langsam an mir herab. Kein Ständer. Ein Handtuch. Ich befinde mich auf der Wiese vor der Sauna. Auf einer Liege.

»Hast es übertrieben.« Onkel Max lächelt. »Wie dein Vater.«

Er hält meinen Arm fest. »Zwanzig Minuten sind zu viel

für das erste Mal.« Er reicht mir eine Flasche mit Wasser. »Trink!«

Anna taucht aus dem Nichts auf. Sie trägt einen gelben Bademantel. »Geht's wieder?«

Ich nicke. Ich trinke. Ich sage: »Ist der Ofen aus?«

STROMAUSFALL

I

Gestern war ich angekommen, bei meiner Tante, auf Mallorca. Siggi hatte mich eingeladen, mir den Flug für das gute Abi geschenkt – ich sollte noch etwas Sonne tanken, bevor ich mein Spanischstudium in Hamburg begann. Es war Mitte September, ich hätte gern meine Freundin Nelli mitgenommen, aber Nelli war gerade total verknallt. Hoffnungslos, sie rückte keinen Zentimeter von Lukas. Wahrscheinlich würden sie, während ich auf Mallorca war, heiraten und zehn Kinder kriegen. Ich hatte auch noch Maria gefragt, aber Maria sagte, auf Malle sei jetzt eh nichts los, keine coolen Typen mehr da. Und dann erzählte sie Nelli und mir, dass sie es schon mal am Strand gemacht habe.

»Nein!«, hatte Nelli gesagt. »Im Sand? Scheuert das denn nicht?« Wir mussten lachen. Maria sagte: »Ihr habt ja keine Ahnung, wie geil das ist! Wir waren in einer kleinen Bucht, die Sterne leuchteten, es war Vollmond und er hatte ein Handtuch dabei. Das haben wir ausgebreitet. Maria schaute in den Himmel, als könnte sie dort alles sehen, was sie unten, am Strand, gemacht hatten. »Ach, er war so süß, das könnt ihr euch nicht vorstellen!«

47

»Ein Spanier?«, fragte ich.

»Auf Mallorca gibt es keine Spanier, nur Katalanen«, sagte Nelli.

»Wennschon, dann Mallorquiner«, sagte ich, und dann stritten wir, ob nun Katalanen oder Mallorquiner auf der Insel waren, bis Maria sagte: »Er kam aus Dortmund.«

Also flog ich allein nach Mallorca. Das Flugzeug war das reinste Altenheim, hatte allein schon deshalb zwanzig Minuten Verspätung, weil es so irre lange dauerte, bis alle an Bord waren. Als wir in Palma landeten und die Gepäckfächer öffneten, fiel mir eine Krücke auf den Kopf. So weit schien Maria schon mal recht zu haben, an coole Typen war nicht zu denken – genau das Richtige für mich! Ich hatte Bücher dabei, wollte ausspannen, Abstand von Jakob bekommen, mit Tante Siggi kochen und über die Insel fahren, mit ihr war alles easy. Sie lebte allein, in Sóller, einem Städtchen westlich von Palma, am Fuße des Tramuntanagebirges. Sie war Schriftstellerin, schrieb Kinder- und Jugendbücher, die meisten hatte sie sogar mir gewidmet. Sie selbst hatte keine Kinder.

Siggi stand in der Eingangshalle und nahm mir gleich den Koffer ab. Sie wollte auch den Rucksack haben, dabei war sie kleiner und viel zierlicher als ich. Kurze, von der Sonne aufgehellte Haare, Leinenhose, Turnschuhe. Wir küssten uns zur Begrüßung auf spanische Art. »Gut siehst du aus!«, sagte sie. Seit einer Woche hatte ich blonde Strähnchen in meinen braunen Haaren.

Die Sonne schien. Unter den Mandelbäumen grasten Schafe. Wir fuhren durch den Tunnel, dann ein paar Kurven und am dritten Kreisel bog sie ab.

»Ich muss nur noch schnell meine Post abholen«, sagte Tante Siggi. Die wurde für sie in der Bar an der Bahnstation in Sóller abgegeben. Siggi fuhr an den Touristengruppen vorbei, die auf den nächsten Zug nach Palma warteten. Sie stieg aus und ich blieb im Auto, Fenster offen, sah, wie sie die Treppen hinauf in die Bar ging, hörte Radiostimmen, dann Musik, Feist, *Mushaboom*, eins meiner Lieblingslieder. Es passte besonders gut zu dem blauen Himmel, der seidigen Luft.

Die Musik kam aus dem Kiosk auf der Bahnstation, neben der Bar. Jemand pfiff den Refrain mit, ich lehnte mich aus dem Fenster, und dann sah ich einen Jungen, er stand im Kiosk und pfiff wie ein Kanarienvogel, so laut, dass man kaum noch was von der Musik mitkriegte. Nebenbei sortierte er Ansichtskarten. Als er mich sah, hörte er sofort auf zu pfeifen. Ich wollte schnell weggucken, aber das ging nicht.

Siggi kam mit mehreren Paketen wieder, stellte sie neben dem Wagen ab und öffnete den Kofferraum. Plötzlich hatte ich Jakobs Stimme im Ohr: »Pass bloß auf, mit all den Insel-Machos!«

Siggi startete den Wagen.

»Schön, mal wieder hier zu sein«, sagte ich und beobachtete den Jungen im Rückspiegel. Er stand jetzt neben dem Kiosk, mit dem Rücken zu uns. Er war braun gebrannt, trug ein enges Top, das einen Streifen Rücken freiließ, und hatte einen knackigen Hintern.

»Und was ist das für ein Gefühl, keine Schule mehr zu haben?«, fragte Siggi.

»Cool!«

Auf dem Schotterweg zu ihrer Finca kam uns eine Schafsherde entgegen. Die Tiere drängelten sich ganz nah am Auto vorbei, wie die großen Bürsten einer Waschanlage. Nur blökt es da nicht, sondern schäumt.

»Und, hast du gerade einen Freund?«, fragte Siggi.

»Ja«, sagte ich und ärgerte mich sofort über diese Antwort, denn Jakob und ich hatten uns schon dreimal getrennt. Diesmal aber endgültig! Ich wollte jetzt nicht über ihn reden. »Guck mal, da, ein Esel«, sagte ich und zeigte auf den kleinen grauen Esel, der unter einem Orangenbaum stand und in der Sonne döste.

Später, in der Küche – Siggi öffnete ihre Post, ich trank ein Glas frisch gepressten O-Saft – kam Juan, Siggis Freund.

»Juan wohnt auf der anderen Seite vom Berg, bei Deia. Er hat eine wunderschöne Finca, mit Blick aufs Meer.« Juan begrüßte mich, dann stellte er sich hinter Siggi und schlang seine Arme um sie.

»Juan kocht heute Abend was Schönes für uns, nicht wahr?«

»Sí, sí«, sagte Juan. Er hatte braune, lockige Haare, einen Dreitagebart und war bestimmt fünfzehn Jahre jünger als Siggi. Sie hatte immer jüngere Freunde, nie feste Beziehungen. Jedes Mal, wenn ich nach Mallorca kam, hatte sie gerade einen Neuen. In unserer Familie galt sie als die durchgeknallte Schriftstellerin mit großem Männerverschleiß. Ich finde das unmöglich, so zu denken. Nur weil Mama und Papa seit zwanzig Jahren ordnungsgemäß verheiratet sind, müssen sie ihre Moral ja nicht Tante Siggi aufdrücken. Ich bewunderte Siggi, wie offen sie mit ihren Beziehungen umging und was sie aus ihrem Leben machte. Ich hatte auch schon drei feste Freunde, die nach ein paar Monaten aber immer zu fest geworden waren. Ab einem gewissen Punkt waren Simon, Kalle und jetzt sogar Jakob besitzergreifend geworden, verlangten Auskunft von mir, wenn ich allein unterwegs war, und erwarteten grenzenlose Treue. Bei Simon durfte ich nicht mal mehr alleine mit dem Bus fahren, bei Kalle keine fremden Jungs auf Partys anquatschen, und Jakob hätte mich nie allein nach Mallorca fahren lassen, wenn wir noch zusammen gewesen wären.

Am Abend fuhren wir zu Juan. Seine Finca lag tatsächlich am Meer, einfach traumhaft! Wir saßen auf der Terrasse, unter Palmen, und ich schaute aufs Meer – wohin sollte ich sonst gucken, auf die beiden Verliebten neben mir vielleicht? Wir wollten über Nacht bleiben. Siggi und Juan hatten zu viel Wein getrunken. Als ich später im Gästezimmer lag, die Grillen zirpten, das Meer rauschte und ein lauer Wind durch die weit geöffneten Fenster wehte, hörte ich noch etwas anderes, wie ein lautes Atmen, vermischt mit einem Seufzen, dann ertönte ein Stöhnen und wurde immer lauter. Es dauerte eine Weile, bis ich herausfand, was Sache war: Siggi und Juan machten ... Liebe. Aber wie! Irgendwie war es mir peinlich, und ich zog die Decke über die Ohren, aber das nützte nicht viel. Ich hörte Siggis Stimme, auch Juans, es war wie ein Stoßgebet mit Gesang, zweistimmig und so leidenschaftlich, dass mein Herz raste. Noch nie hatte ich so was gehört. Es war nicht zu vergleichen mit dem kurzen Bettenknarren aus dem Schlafzimmer meiner Eltern, was ich alle paar Monate mal mitkriegte.

Am nächsten Morgen kochte ich mir einen starken Kaffee und setzte mich nach draußen, schaute aufs Meer. Heute Morgen war es türkisfarben, gestern Abend dunkelblau. Ich beschloss, einen Spaziergang zu machen. Tante Siggi schrieb ich einen Zettel, legte ihn auf den Tisch und packte einen Stein darauf.

Der Wind streifte durch meine Haare und durch die Oleandersträuche. Es roch nach Blüten; ich ging den kleinen Pfad hinab, zum Port de Valldemossa, einem kleinen Fischerhafen. Dort zog ich meine Schuhe aus, ging durch die angespülten Wellen und spürte den weichen Sand zwischen meinen Zehen. In einer Bucht saß eine alte Frau und flickte Netze. Möwen schrien. Dann bemerkte ich einen Jungen in einem Boot, es war dieser süße Knackarsch von gestern. Er stand breitbeinig im Boot, um die Wellen auszubalancieren, hatte einen Strick in der Hand und schaute mich an. Ich stand da und rührte mich nicht, guckte ihm zu, wie er das Boot anlegte, den Strick vertäute.

II

Da war ich nun, mit dem süßen Typen allein im Boot. Bestimmt war er einer von diesen gefährlichen Insel-Machos, vor denen mich Jakob gewarnt hatte. Er hieß Manolo. Das Boot schwankte gewaltig, aber er sagte, ich solle keine Angst haben. Er ruderte uns aus dem Hafen, ich saß auf der Bank und hielt mich am Bootsrand fest. Er pustete seine dichten, schwarzen Haare aus den Augen. Als wir aus der engen Bucht raus waren, stellte er den Motor an. Dann tuckerten wir um die Felsen herum. Er fragte mich, woher ich so gut Spanisch spreche. Ich sagte, ich wolle es demnächst studieren. Ich mochte ihm nicht in die Augen sehen, aber ich spürte seinen Blick. Er erzählte, dass er in zwei Wochen die Insel verlasse und nach Barcelona gehe. Dort würde er Literatur und Kulturwissenschaften studieren.

»Ach ja?«, sagte ich, sichtlich überrascht. Das hätte ich ihm nicht zugetraut – ein studierender Macho. Ich merkte, wie ich rot wurde, und ärgerte mich über mich, weil ich so an einem Vorurteil klebte.

Manolo setzte mich zwischen zwei Felsen ab, am Fuße von Juans Finca. Er half mir beim Aussteigen, hielt mich an der Hand, bis ich auf einem Stein war. Von da aus war es kein Problem mehr, den Pfad zu erklimmen.

»Hast du heute Abend Zeit?«

»Ja.«

»Dann zeig ich dir was.«

»Was denn?«

»Magst du Chopin?«

»Wer mag den nicht?«

Er lachte. »Kennst du die Tramhaltestelle an der kleinen Brücke, unten am Zitronenhain?«

»In Sóller?«

»Ja.«

»Ich hole dich um acht ab.«

Ich kletterte den kleinen Pfad hinauf und konnte von Juans Garten aus noch sehen, wie Manolo in seinem Boot wieder hinter den Felsen verschwand. Oben auf der Terrasse angekommen, musste ich mich erst mal setzen. Ich atmete schwer, mein Herz raste. Unter dem Stein lag noch der Zettel, den ich Tante Siggi geschrieben hatte. Mir kam es wie eine Ewigkeit vor, die ich weg war, aber anscheinend hatte mein Ausflug nur knapp eine Stunde gedauert. Ich zerknüllte den Zettel. Dann kam Siggi auf die Terrasse. Sie war barfuß, in einem zu großen, weißen T-Shirt, mit verwuschelten

Haaren. Sie sah aus, wie ich mich fühlte: wie das Mädchen aus dem Sterntaler-Märchen, dem gerade die Sterne vom Himmel in den Schoß gefallen sind.

»Na, schon ausgeschlafen?«, fragte Siggi und gähnte.

Den ganzen Tag überlegte ich, was ich sagen könnte, wo ich am Abend hinginge, schließlich entschied ich, ihr gar nichts zu sagen, nur, dass ich runter ins Zentrum ginge, allein sein wollte, um die Stimmung einzufangen. Das verstand Siggi, als Schriftstellerin. Sie wünschte mir einen schönen Abend.

Ich wollte unbedingt meinen grünen Rock und die Stiefel anziehen und das ging nur mit Strumpfhose. Also stiefelte ich los, meine Lederjacke über den Schultern, es war lau, ein bisschen windig, eigentlich zu warm für die Stiefel, aber kein Schuh hätte mir den Halt geben können, den ich brauchte, um so normal wie möglich zu dieser Verabredung zu gehen.

Am Zitronenhain musste ich einen Moment innehalten, verschnaufen, obwohl es nur bergab ging. Was tat ich da? Ich, die immer sorgsam und zuverlässig war und alles unter Kontrolle hatte. Nicht mal Bowle anrührte, weil Nelli davon einmal so besoffen war, dass sie auf einer Party in den Vorgarten kotzte. So was sollte mir nie passieren. Und dass Maria manchmal One-Night-Stands hatte – oder mit coolen Jungs am Strand rummachte, fand ich zwar aufregend zu hören, aber es passte nicht zu mir. Ich musste jemanden kennen, bevor ich mich auf ihn einließ, brauchte stundenlanges Vorspiel, jemanden, der zärtlich und rücksichtsvoll war und immer fragte, ob ich es auch schön fände. Jedenfalls hat sich Jakob über ein Jahr daran gehalten – und hat mich trotzdem nicht glücklich gemacht.

Ich ging durch eine schmale Gasse, um ein Haus herum, hielt die Luft an, sah die Steinbrücke – keiner da. Gut. Vielleicht würde Manolo auch gar nicht kommen. Dann würde ich zum Platz gehen, was trinken und wieder umkehren. Und alles wäre nichts anderes als ein kleiner, sauberer Ausflug gewesen. Der Gedanke beruhigte mich. Ich schwitzte trotzdem, ging über die Brücke, schaute mich um. Nur ein paar Spatzen, die in einer Pfütze badeten. Also lief ich weiter, die Calle de Cabrafiga hinauf, zum Dorfplatz.

Manolo kam mit einem Motorroller, hielt neben mir, reichte mir einen Helm, lächelte, ohne ein Wort zu sagen. Ich stieg auf den Roller, als wäre ich schon immer damit gefahren.

III

Das Chopin-Konzert war in einem Garten, alle Stühle waren besetzt. Manolo nahm meine Hand und huschte mit mir durch ein Heckenlabyrinth, zog mich um eine Hausecke, eine schmale Steintreppe hinab, über eine Straße, wieder eine Steintreppe hinab. Die Stufen wurden immer bröckeliger, bald waren es nur noch Felsen und dann hörte ich Wellen gegen Felsen schwappen. Ich war froh, so trittsicher zu sein, und sprang hinter ihm her, immer tiefer, und dann standen wir in einer Höhle.

»Ich gehe nicht weiter.«

»No pasa nada«, sagte er und hielt mich mit seinem Blick fest. Wir gingen dann doch noch ein Stücken tiefer in die Höhle hinein. Es war dunkel, er stellte eine Kerze in einen Vorsprung, zündete sie an. Aus der Ferne hörten wir das Meer – und dann war da noch was. Manolo sagte nichts, ließ mich selbst zur Ruhe kommen, herausfinden, dass es Musik war, was ich durch die Felsen hörte, Chopin. Zuerst schlug mein Herz zu laut, um mehr zu erkennen, aber dann wurde es still in mir und ich hörte eine Melodie. Sie strömte durch meinen Körper wie Wasser, ich lauschte und war noch nie so ruhig und so sicher gewesen, dass alles an einem Moment richtig stimmte, so wie jetzt – bis auf meine Strumpfhose, die an meinen schweißnassen Beinen klebte. Dabei war es recht kühl in der Höhle.

Wir standen da, unter Felsgewölbe, das Kerzenlicht flackerte, die Luft schmeckte salzig. Manolo schloss die Augen. Ich beobachtete sein Gesicht, die kräftige Nase und die dichten, schwarzen Wimpern, fuhr mit meinem Blick über seinen Mund, den Hals hinab, blieb an seinen Händen hängen. Die hatte ich schon gespürt, heute Morgen, als er mir beim Aussteigen aus dem Boot geholfen hatte, und vorhin, als wir die Treppen herunterliefen. Große, starke Hände, rau und doch zart. Fast hätte ich sie gestreichelt.

Manolo machte die Augen wieder auf.

»Te gusta?«, flüsterte er.

Ich nickte.

So verging meine Vergangenheit. Mit Chopin. Es gab nur noch diesen Moment.

Der Applaus donnerte von oben herab wie Geröll. Ich konnte mich nicht rühren.

Irgendwann nahm Manolo wieder meine Hand und zog mich all die Treppen hinauf, zwischendurch verschnauften wir, lachten. Ich fühlte mich so leicht, einen Augenblick dachte ich, ich könnte fliegen. Oben im Konzertgarten waren alle Stühle leer. Der Wind wehte über sie wie ein durchsichtiger Vorhang. Zwei Stühle waren umgekippt.

IV

Wir gingen in eine Bar, saßen unter einer Platane, ich trank Cava, er Bier. Alles um mich herum sprach Deutsch, ich war so froh, dass wir Spanisch sprachen. Wir redeten viel, es war wie ein Vorspiel. Meine Hände musste ich festhalten, damit sie seine nicht anfassten.

Bis auf drei Männer an einem Tisch, die Karten spielten, waren wir inzwischen die einzigen Gäste. Der Mond schien, die Sterne leuchteten – Manolo hatte kein Handtuch dabei.

Unser erster Kuss war gleich ein Verschlingen. Ich verschlang ihn und er verschlang mich. Dabei ging uns ziemlich schnell die Puste aus. Er bezahlte mit zittrigen Fingern. Wir gingen. Er nahm mich wieder bei der Hand, ich huschte hinter ihm her, diesmal durch schmale Gassen, eine Treppe hinab. Dort standen vereinzelt Häuser, dazwischen Brachland mit Bambus und Palmen. Lichtstreifen und Fernsehstimmen kamen aus den Fenstern. In der Ferne bellte ein Hund.

Manolo drängte mich gegen einen Stromkasten. Ich war so feucht wie noch nie, fühlte, wie es zwischen meinen Beinen schwamm. Er fuhr unter meine Bluse, schaute mir in die Augen – sein Blick drang mir bis in die Füße, purer Strom. Dann knöpfte er mir mit einer Hand die Bluse auf, mit der anderen den BH. Ich staunte, wie schnell das ging. Jakob hatte noch nach einem Jahr beide Hände, Licht und eine Ewigkeit dafür gebraucht.

Manolos Atem im Ohr, am Hals, meine Brüste in seinem Mund. Als er an ihnen saugte, knickten mir die Beine weg. Er stützte mich mit einem Arm, hob mich hoch, riss mit der anderen Hand meine Strumpfhose runter, den Slip. Wie er es schaffte, sich noch ein Kondom überzuziehen, weiß ich bis heute nicht, aber ich war in dem Moment froh, dass er überhaupt daran dachte. Dann stieß er zu. Ich schwebte in der Luft, meine Beine hingen in seinem Arm und mein Hintern lag schräg über seinem Schoß – mein Rücken gegen den Stromkasten gedrückt. Bambuspflanzen raschelten im Wind.

Wir führten einen seltsamen Tanz auf, ineinander verschlungen, halb hockend, halb stehend, rhythmisch miteinander um Luft ringend. Er hielt mich, stieß und küsste mich, war überall gleichzeitig. Ich hatte meine Arme um seinen Hals geschlungen, war ausgefüllt – voll von ihm, spürte das erste Mal eine Lust, die wie ein näher kommender Ton anschwoll, lauter wurde, von seiner Stimme begleitet, vibrierte und sich wie ein Blitz entlud, der mitten in mich eingeschlagen hatte. Wir fielen um – es war, als wäre ich aus einem Flugzeug gestürzt. Der Stromkasten stand offen.

»Manolo?«

Er rührte sich nicht, lag auf dem Rücken, die Hose unter den Knien, Mund offen, sein Penis noch groß und glänzend.

»Manolo!«

Die Tür vom Stromkasten bewegte sich im Wind, knarrte, quietschte, ich stand auf und zog mich an, knöpfte mir hastig die Bluse zu. Jetzt erst merkte ich, dass die Häuser ringsherum alle dunkel waren, kein Licht, nirgends.

Manolo rührte sich nicht. Ich musste Hilfe holen!

Ich lief durch die Straßen – niemand da, auch nicht auf dem Platz vor der Kirche. Die Bars hatten geschlossen. Katzen, die sich an Müllsäcken zu schaffen machten, flüchteten vor mir.

Ich wusste, dass um die Ecke ein Hotel war, da würde bestimmt noch jemand sein. Und was sollte ich sagen? Dass da hinten ein nackter Mann lag, der einen Stromschlag bekommen hatte? Ich sah schon die Schlagzeilen der BILD-Zeitung an jedem Kiosk: »Tot eines Insel-Machos – sein Penis überlebte.«

Mondschatten auf der Straße, ein Käuzchen schrie.

Ich erreichte das Hotel, auch hier – alles dunkel. Ich klopfte trotzdem.

»Digame?«, rief eine Männerstimme aus einem kleinen Fenster links neben der Tür. Mein Herz raste so sehr, ich konnte gar nichts sagen. »Tranquila, no hay ningun problema!«, versuchte mich der Mann zu beruhigen. Das sei nur ein Stromausfall. Er würde mir gleich die Haustür aufschließen, sein Kollege sei nur gerade mit dem Schlüsselbund unterwegs, an der Hintertür. Die elektronische Öffnungsanlage ginge nicht, aber bald könne ich in mein Zimmer. Er dachte, ich wohnte hier. In ein paar Minuten sei der Strom bestimmt wieder da. Eine Gruppe Deutscher kam um die Ecke – potenzielle BILD-Leser … Ich drehte um und lief zurück.

Manolo lag noch genauso da. Ich schlug ihn auf die Wangen, begann ihn zu beatmen, da öffnete er die Augen und lächelte selig.

»Wo bin ich? – Im Himmel?«

Langsam richtete er sich auf, schaute an sich herab, sah seinen Schwanz, der jetzt auf ein gutes Drittel geschrumpft war. Das Kondom lag auf seinem Bauch. Er ließ es schnell verschwinden.

»Was hast du mit mir gemacht?«

Ich musste lachen, konnte mich nicht mehr halten, hätte schreien können, singen, springen, schüttelte mich, steckte ihn an. Langsam schien seine Erinnerung zurückzukommen. Dann stand er auf, zog seine Hose hoch. Wir fielen uns in die

Arme, er hob mich hoch und wirbelte mich herum. Mit einem Stiefel stieß ich gegen die offene Tür des Stromkastens. Sie knallte zu. Das Licht war wieder an; Sóller beleuchtet.

V

Arm in Arm gingen wir durch die Straßen. Meine Strumpfhose hatte eine fette Laufmasche bis zum Knie, Manolo Erde im Haar.

»Warst du tot?«, fragte ich.

»Ja«, sagte er. »Ich war im Paradies. Du hast mich getroffen.« Er zeigte mit einer Hand auf sein Herz, biss sich auf die Unterlippe. Mit der anderen Hand fasste er sich in den Schritt.

»Ich könnte schon wieder«, flüsterte er. »Wollen wir es uns irgendwo bequem machen? Ich habe den Schlüssel vom Leuchtturm.«

»Lieber nicht«, sagte ich. Noch so eine Aufregung heute würde ich nicht verkraften.

Er brachte mich mit seinem Motorroller nach Hause. Die Zitronen schimmerten im Straßenlicht. Ich klammerte meine Arme um seinen Bauch, legte meinen Kopf an seinen Rücken, bat ihn, nicht direkt vor dem Haus zu parken. Als ich ihm den Helm zurückgab, küsste er meine Lippen.

»Das Konzert war wunderschön«, hauchte ich.

»Du bist wunderschön«, flüsterte er und legte seinen Kopf schräg, ließ seinen Blick an mir herunterwandern. Mein Herz knisterte.

»Sehen wir uns morgen?«, fragte er.

Ich nickte.

60

VI

Tante Siggi war noch wach. Sie saß auf dem Sofa, Beine hoch und las, eine Kerze neben sich.

»Schön, dass du wieder da bist!«, sagte sie. »Hast du auch was von dem Stromausfall mitgekriegt?«

BENJAMIN

Eigentlich hatte ich gar nicht mitfahren wollen. Ich stand sogar schon beim Löscher zum Vorsprechen an, wollte ihm irgendeine Ausrede von wegen Kieferoperation präsentieren, aber dann meinte Isabel, dass sie unmöglich ohne mich loskönne, weil sie doch meine beste Freundin sei und so, und der Elferkurs von der Karlitz käme schließlich auch mit, weil der Bus sonst nicht voll würde und wir den doppelten Preis berappen müssten. Na ja, und da bin ich eben hellhörig geworden. Nicht wegen der Kohle, das ist bei meinen Herrschaften überhaupt nicht das Problem, sondern wegen Benjamin.

Benjamin alias Pete Doherty. Dieselben dunklen Wuschelhaare, denselben süßen Knutschmund und dieselben großen Augen, bloß nicht braun, sondern so strahlend blau wie kristallklare Seen. Und so schmal wie sein verruchtes musikalisches Double ist er auch nicht, sondern breitschultrig und muskulös und einfach total knackig. Ich darf gar nicht daran *denken*, sonst steh ich vom Scheitel bis zu den Zehennägeln unter Strom.

Isabel hab ich noch nichts davon erzählt. Wenn sie wüsste, dass ich mir zweimal am Tag einen runterrubbele und mir dabei vorstelle, wie ich Benjamin die Hose öffne und mir sein Prachtteil in den Mund schiebe ... Oh Mann! Dabei weiß ich ja nicht mal, ob sein Ding wirklich so prächtig ist. Egal. Benjamin ist einfach dermaßen schön und anbetungswürdig, dass es fast nicht mehr drauf ankommt, was er sonst noch zu bieten hat. Außerdem ist es ja sowieso nur Träumerei. Wahrscheinlich würde er sich glatt übergeben, wenn er wüsste, dass ausgerechnet ich an solche Sachen denke. Mannomann, dabei geht es mir nicht mal nur um das Äußere und um den Sex und so. Jedenfalls nicht mehr, seitdem wir uns letztens unterhalten haben. Da saß er nämlich ganz allein an einem Tisch in der Cafeteria. Ich hätte ihn ganz bestimmt nicht angesprochen, aber er hat's getan, hat mich gefragt, ob ich 'nen Kaffee wolle, er habe für einen Kumpel einen mitbestellt, aber der habe ihn ganz offensichtlich hängen lassen. Wenn es nicht so abwegig gewesen wäre, hätte ich es glatt für eine Anmache gehalten, oder eben für einen inszenierten Aufhänger, um mich kennenzulernen. Aber wie schon gesagt, das ist völlig absurd. Wieso sollte Benjamin sich ausgerechnet für mich interessieren? Trotzdem habe ich es mir nicht nehmen lassen, wenigstens ein bisschen bei ihm zu sitzen und mir seine tollen Augen und diesen Wahnsinnsmund aus der Nähe anzusehen. Nicht zu auffällig, versteht sich. Aber das ist natürlich gar nicht so einfach gewesen. Zuzuhören, keine allzu bescheuerten Antworten zu geben und sich außerdem nicht anmerken zu lassen, dass man ununterbrochen an seinen Mund denkt, und dass man ihn küssen will und was weiß ich noch alles.

»Du bist in der 10a, stimmt's?«, hat er als Erstes gefragt. Daraufhin musste ich nur nicken, das war noch easy.

»Und? Was wählst du im nächsten Jahr? Wo sind deine Stärken?«

»Keine Ahnung. Hab ich irgendwie nicht.«

»Na, irgendwas ... Mathe oder Sprachen ...«

»Nee, Mathe nicht.«

»Oh schade, ich dachte schon, du könntest mir vielleicht helfen.«

Ja klar, ich in der Zehnten helfe einem im Jahrgang über mir auf die Sprünge. Und dann auch noch in Mathe. Ich hab gar nicht gewusst, was ich sagen soll, außer: »Ja, ist echt schade.«

»Na ja«, hat er gemeint, »man kann ja auch mal was anderes zusammen machen.« Und dabei hat er sich so zu mir rübergebeugt, dass ich sein Duschgel riechen konnte und auch ein bisschen von seinem Schweiß.

»Klar«, hab ich gesagt und gemerkt, wie ich knallrot anlaufe und mein Unterleib sich schon wieder nicht ruhig verhalten konnte. Und dann ist noch dieses blöde Herzrasen dazugekommen und da bin ich dann einfach aufgesprungen und hab mich vom Acker gemacht.

Wahrscheinlich hält er mich jetzt für total blöde, und bestimmt wäre es besser, auf diese Zweitagesmuseumstour zu verzichten, aber ich kann nicht. Ich weiß genau, ich würde mir in den Arsch beißen, wenn ich mir diese Chance entgehen ließe. Oh Mann, ich bin verrückt, ich träume, ich spinne, ich mal mir da was aus, was total bekloppt und so was von absolut *unmöglich* ist, aber ich krieg Benjamin einfach nicht aus dem Kopf – und aus dem Körper schon gar nicht.

Meinen Rucksack packe ich gleich nach dem Mittagessen, und anders als auf vorherigen Exkursionen ist es mir diesmal nicht egal, welche Sachen ich mitnehme. Ich überlege sogar, ob ich mir nicht noch schnell eins von diesen angesagten hautengen Teilen holen soll, bei denen sich alles abzeichnet. Allein bei dem Gedanken daran, dass ich so was trage und

Benjamin auch, könnte ich schon wieder durchdrehen und an mir rumfummeln. Diese ständige Geilheit macht mich total fertig. Und die Sehnsucht in meinem Herzen treibt mich bis zum Abend tatsächlich in eine Art Fieberwahn, mit Kribbeln und Übelkeit und Schüttelfrost, und plötzlich überfällt mich die Panik, dass ich doch noch auf den allerletzten Drücker absagen muss. Ich fange an zu heulen, ja echt ZU HEULEN. Wegen eines Typen hocke ich zusammengekauert unter der Bettdecke und flenne mir die Seele aus dem Leib, weil ich plötzlich das Gefühl habe, dass ich wegen Benjamin für den Rest meines Lebens unglücklich sein muss.

Und dann setzt er sich am nächsten Morgen im Bus einfach neben mich.

»Ist doch okay, oder?«, fragt er.

Ich bin so daneben, dass ich nicht mal vernünftig nicken kann, geschweige denn einen Ton aus dem Hals kriege.

»Isabel ist ganz vorn bei Melanie geblieben«, fügt er noch hinzu, was ein bisschen wie eine Entschuldigung klingt.

»Schon okay«, krächze ich.

Benjamin lächelt und auf einmal berühren sich unsere Ellenbogen. Ganz kurz nur, aber ich bin sofort wie elektrisiert. Das Blut weicht mir aus der Birne und strömt in meinen Unterleib, und ich zwinge mich, meinen Atem flach zu halten, damit er mir die Erregung nicht anmerkt.

»Du bist mir aus dem Weg gegangen«, sagt Benjamin.

»Was?«, presse ich keuchend hervor.

Er riecht so gut, so wahnsinnig gut!

»Ja«, sagt er, »du bist einfach abgehauen, letztens in der Cafeteria, und ich hab mich schon gefragt, was ich falsch gemacht habe.«

»Nichts«, stammele ich. »Ich musste bloß schnell mal

aufs Klo und na ja ...« Ich zucke mit den Schultern und Benjamin grinst und sagt: »Solange ich weiß, dass du nichts gegen mich hast ...«

»Nee, wieso?«

»Keine Ahnung«, sagt er und sieht mich an mit seinen wahnsinnsblauen Augen. Den Mund hält er halb geöffnet, seine Zunge schimmert feucht und rosig und sein Atem riecht nach Pfefferminz und Wärme. Wahrscheinlich wartet er auf eine Antwort, aber ich kann ihm ja schlecht sagen, dass ich ihn liebe und total verrückt nach ihm bin. Das ist vollkommen UNMÖGLICH!

Also recke ich den Hals und sehe nach vorn zu Isabel. Sie lächelt und winkt und ich winke zurück. »Nicht böse sein«, forme ich mit den Lippen. Sie zwinkert mir zu. Offenbar ist es kein Problem für sie, dass Benjamin sich einfach neben mich gesetzt hat.

»Eigentlich wollte ich gar nicht mit«, sagt er, »aber als ich hörte, dass ...« Er stockt. »Na ja, ich steh eigentlich gar nicht so auf Museen.«

»Echt nicht?« Was Intelligenteres fällt mir nicht ein.

Er schüttelt den Kopf und seine Haare wedeln mir einen frischen Duft aus Holz und Zitronen und Benjamin in die Nase.

»Na ja, ich eigentlich auch nicht«, beeile ich mich zu sagen. »Jedenfalls nicht, wenn alle klug schwätzen und irgendeinen Scheiß in die Bilder und so reininterpretieren. Eigentlich sieht man doch gleich, was der Künstler mit seinen Werken ausdrücken will.«

Benjamin runzelt die Stirn. »Ach ja?«

Seine Reaktion macht mich verlegen und auf einmal komme ich mir scheiße blöd vor. Eigentlich finde ich Museen nämlich cool. Egal ob historisch, technisch, künstlerisch oder sonst was, ich mag mir einfach gerne Dinge anschauen. Und vor allem mag ich es, wenn man merkt, dass sich jemand 'nen Kopf darüber gemacht hat, wie man sie präsentiert.

Nach einer Weile Aus-dem-Fenster-Starren und Schweigen holt Benjamin ein Buch raus und fängt an zu lesen. Ich versuche herauszufinden, um welche Art Literatur es sich handelt, aber leider hält er das Buch so, dass ich weder auf den Deckel noch in die aufgeschlagenen Seiten gucken kann. Sofort nachdem der Löscher unsere kurz bevorstehende Ankunft am Kulturhistorischen Museum angekündigt hat, packt er das Buch weg, rafft sein Zeug zusammen und quetscht sich an mir vorbei. Plötzlich scheint er mit allen anderen lieber reden zu wollen als mit mir, im Grunde tut er sogar so, als existierte ich gar nicht. Na klar – sooo gesprächig wie ich die Fahrt über war! Garantiert findet er mich todlangweilig. Verdammter Mist! Warum bin ich bloß mitgefahren?

Zwei Ausstellungen stehen heute auf dem Programm, morgen sollen es ebenfalls zwei sein und zum Abschluss machen wir dann noch eine Stadtrundfahrt. Das ist Löschers ganz persönliches Kultur-und-nebenbei-lernt-euch-mal-schön-kennen-und-lieben-Programm. – Na, von mir aus! Ich schlendere eine Weile mit Isabel herum, schaue mir die Exponate der Südafrikapräsentation an und zwinge mich dazu, mich nicht ständig nach Benjamin umzusehen.

Das nächste Museum gefällt mir persönlich besser. Eine Kunstsammlung, die einen Querschnitt aller Stilrichtungen des 20. Jahrhunderts darbietet und daneben in einer Sonderausstellung die Installationen junger, bisher unbekannter Künstler.

Isabel hat sich inzwischen Melanie und Katrin angeschlossen, zwei Mädchen aus dem Französischkurs, mit denen ich nicht viel anfangen kann. Ich streife allein umher, nun doch auf der Suche nach Benjamin, den ich aber leider nirgends entdecken kann. Ich trete durch eine Tür in einen Nebenraum. Ein Knistern setzt sich in meinem Ohr fest. Das muss mit der Installation zusammenhängen, denke ich noch, dann wird es mit einem Schlag stockdunkel. Ein greller Lichtblitz und ein paar verzerrte Gesichter in schwarzen Rahmen bleiben für den Bruchteil einer Sekunde auf meiner Netzhaut stehen, dann sehe ich gar nichts mehr. Das Knistern verschwindet, jemand keucht. Leise. Vor mir, neben mir, hinter mir. Ich wirbele herum, aber dort, wo eben noch die Tür war, hinter der sich ein großer heller Raum voller Schrottskulpturen, Laserkunst und Museumsbesucher befand, ist jetzt ebenfalls nur noch Dunkelheit. Tastend strecke ich die Hand vor und spüre einen Körper. Ich zucke zurück. »'tschuldigung. Wer ist denn da?«

Keine Antwort.

»Benjamin, bist du das?« – Was für eine idiotische Frage!

Ich fange an zu kichern, weil ich mir vorstelle, dass jeden Moment ein Räuspern ertönt und eine Stimme zu mir sagt: »Darf ich mich vorstellen? Mein Name ist Müller-Lemmerscheid. Haben Sie vielleicht meine Gattin gesehen?«

Doch Herr Müller-Lemmerscheid schweigt. Ich spüre seine Anwesenheit, Hautgeruch, Wärme und Pfefferminz. Mein Herz rast. Es ist Benjamin! Ich spüre seinen Atem an meiner Wange und die Berührung seiner Finger auf meinem Brustbein. Sanft streichen sie über meine Schlüsselbeine, den Hals hinauf und über meine Lippen.

Stromstöße ballern mir in die Brust, in die Kniekehlen und zwischen die Beine. Ich taumele zurück und verliere

Benjamins Berührung. Dann schlägt eine Tür, es wird hell und alles ist vorbei. Ich sehe Pop-Art-Porträts in schwarzen Rahmen an weißen Wänden. Drei weitere Leute sind im Raum. Zwei Typen, eine Frau, aber kein Benjamin.

Einer der Typen starrt mich an und grinst. Hastig drehe ich mich um, warte, bis meine Erregung sich gelegt hat, und verlasse fluchtartig das Museum.

In der Nähe ist eine Einkaufspassage, dort leiste ich mir einen Burger. Ich habe zwar keinen Hunger, aber ich spüre, dass ich was essen muss, damit ich wieder runterkomme. Später latsche ich zum Museum zurück, suche den Löscher und erzähle ihm, dass mir total schlecht sei. Ich sehe ihm an, dass er mir nicht glaubt, aber offenbar hat er keine Lust, sich damit auseinanderzusetzen. Wortlos drückt er mir die Adresse der Herberge, einen Plan und ein Ticket für die U-Bahn in die Hand. Nach diesem Museumsbesuch können wir ohnehin machen, was wir wollen.

Die Fahrt dauert eine knappe halbe Stunde. Die Herberge liegt etwas außerhalb, scheint aber ganz cool zu sein, zumindest sieht sie zeimlich modern aus und bietet eine Menge Umgebung.

Im Eingangsbereich gibt es einen Tresen und einen Empfangsmenschen dahinter, der in einer Zeitschrift blättert. Ich will gerade auf ihn zu, da bemerke ich am Boden einen schmalen neonfarbenen Post-it-Zettel, auf den jemand drei Buchstaben gekritzelt hat: BEN. Und daneben einen ↗.

Das Herz springt mir fast aus dem Hals. Ich bücke mich und löse den Zettel vom Boden, starre darauf und versuche, mich zu konzentrieren. Der Pfeil zeigt nach oben. Also nehme ich die Treppe, immer eine Stufe überspringend, haste ich in den ersten Stock. Dann in den zweiten. Aber dort gibt es keine weiteren Post-its mehr. Shit! Ich düse wieder nach unten.

»Kann ich dir irgendwie helfen?«, fragt der Typ hinter dem Tresen.

»Ähm, ja«, sage ich, nach Atem ringend. »Gibt es hier vielleicht so etwas wie einen Lift?«

»Allerdings. So etwas gibt es.« Er mustert mich kopfschüttelnd. »Dort hinten. Aber der fährt *auch* nur bis zur zweiten Etage.«

Ich renne in die Richtung, in die er zeigt.

»Zu welcher Gruppe gehörst du denn überhaupt?«, brüllt er mir hinterher.

»Schollgymnasium, Köln!«, rufe ich, während sich die Lifttür öffnet. Neben dem Knopf mit der 1 pappt ein yellow Post-it. JA. Ich drücke auf die 1 und schließe die Augen. Noch nie hatte ich so eine Scheißangst!

Der Lift hüpft in den ersten Stock. Auf dem Boden kleben ein weiteres JA und ein →. Ich folge dem Pfeil in den Gang und mein Blick huscht über die Zimmertüren. Ich bin mittlerweile so fertig, dass ich fast den Zettel auf dem Teppichboden übersehe. JAAH! Keuchend bleibe ich stehen und sehe mich um. Helle Wände, grüner Teppich, braune Türen. Wo zur Hölle ist Benjamin?

»Hier«, sagt er leise hinter mir. Ich spüre seinen Atem in meinem Nacken. Eine feine Gänsehaut rast mir über den Rücken. Mein Herz bleibt einfach stehen und auch alles andere an mir ist wie eingefroren. Während Benjamins Atem sich unter meinem Haaransatz verfängt, greifen seine Arme in einem weiten Bogen um mich herum. Ich starre in seine geöffneten Handflächen. MIN steht in der linken und WILL DICH in der rechten.

In meinem Kopf fängt alles an sich zu drehen. Denken ist unmöglich. Ich schaffe es gerade mal, mich auf den Beinen zu halten.

»Wir haben ein Zimmer zusammen«, flüstert er. »Allein.« Mann, ist mir schlecht!

»Komm«, sagt er, nimmt meine Hand und zieht mich durch die Tür hinter uns. Er drückt sie zu und dreht den Schlüssel um. Ich kann ihn kaum ansehen, weil er so wahnsinnig schön ist. Und weil mich allein der Gedanke an das, was jetzt kommen wird, bereits umbringt.

»Du stehst doch auf Künstler, die sich ausdrücken können?«

Ich schlucke, lehne mich an die Wand, lasse den Blick flüchtig über die beiden Betten streifen. Ein Zimmer für uns allein, eine ganze Nacht. Ich fass es nicht.

»Ich steh ja mehr auf dich«, sagt Benjamin. »Im Bus wäre ich fast explodiert.« Er grinst verlegen. »Deshalb das Buch. Ich habe es einfach nicht mehr ausgehalten. Und ich hab gesehen, dass du ...« Er stockt, sieht mich an, kommt näher, bis nur noch ein paar lächerliche Zentimeter zwischen uns sind. Und dann küsst er mich. Ich spüre seine Lippen, überraschend fest und fordernd und ich küsse ihn zurück. Tauche meinen Mund in seinen, sauge, schmecke Pfefferminz und Sehnsucht und genieße den Stromschlag, den seine Zunge mir über den Rücken bis in meinen Hintern hinunterjagt. Mein ohnehin schon steifer Schwanz schwillt in einem Sekundenbruchteil um das Hundertfache an. Benjamin stöhnt. Er schiebt mir das Shirt bis unter die Achseln hoch und streicht mit den Daumen über meine Brustwarzen. Wir küssen uns wie Verhungernde. Und während ich nicht weiß, wohin ich mit meinen Händen soll, presst er seinen erhitzten Körper gegen meinen. Ich fühle sein Ding an meinem Unterleib. Es ist genauso so fett und hart wie meins. Sie berühren sich, und das ist dermaßen wahnsinnig, allumfassend, dass ich nicht mehr weiterküssen kann. Ich habe das Gefühl, nichts mehr zu sein, nur noch Schwanz. Und dann fängt Benjamin an, sich an mir zu reiben. Wir reiben und keuchen und schwitzen wie von Sinnen – und plötzlich kann ich nicht mehr. Ich klappe einfach zusammen, sinke auf den Boden und fange an zu flennen.

»Hey, was ist los?«, flüstert Benjamin. Er hockt sich vor mich hin, streicht mir die Haare aus der Stirn, sein Blick ist irritiert, bestürzt. »Warum weinst du denn jetzt? Das musst du doch nicht.«

»Doch«, sage ich und senke den Kopf. »Doch. Ich weiß einfach nicht mehr ... Ich weiß nicht ...«

»Geht es dir zu schnell?«

»Nein ... ja ... ich weiß nicht ...«

»Tut mir leid«, murmelt er. »Ich hab noch nicht so viel Erfahrung. Aber immer, wenn ich dich ansehe, dann ...« Er stockt.

Ich hebe den Blick. Das Blau seiner Augen und die große schwarze Pupille darin – es ist tausendmal schöner als in all meinen Träumen. »Ich bin nicht nur geil, weißt du ...«

»Ja«, sagt er leise. »Ich weiß ...« Und dann küsst er mich, ganz sanft diesmal und weich mit seinem wundervollen Mund, und unheimlich zärtlich. Seine Finger wandern langsam über meine Haut, den Rücken hinunter und an meinem Jeansbund entlang. »Bist du dir nicht sicher?«

»Doch. Ich bin mir sicher ... Es ist nur ...«

Er fasst mir unters Kinn. »Ich glaube, ich habe genauso viel Angst wie du«, flüstert er. »Ich war nämlich noch nie so verknallt, und ich würde dir gerne zeigen, was ich für dich empfinde ...«

Mir läuft das Herz über. Auf einmal kann ich ihn berühren, ihn streicheln. Seinen Hals, die Schlüsselbeine, die feinen Haare auf seiner Brust. Und seinen Duft atmen, ohne Angst zu haben oder mich zu schämen.

»Ich liebe dich, Benjamin, ich liebe dich ... Ach, es ist so albern!«

»Überhaupt nicht.«

Seine Augen glänzen und sagen genau das, was ich fühle.

Ich beuge mich hinunter, spüre seine warmen ruhigen Hände in meinem Nacken und öffne ihm die Hose. Die Haut seiner Eichel ist so weich wie die einer Aprikose. Sie füllt meinen Mund und meinen Rachen. Benjamin seufzt und bebt und keucht und alles in mir schreit vor Wonne.

Sein Gesicht sinkt in meine Haare, seine Hände streicheln und streicheln. Zusammen fühlen wir uns ganz weich und verschmolzen an. »Aber *ich* wollte ...«

»Ist doch egal«, sage ich.

Wir haben ja noch die ganze Nacht ... und ewig. Randvoll mit allem und selig bis zum Abwinken schließe ich die Augen. Und da sehe ich Isabels Zwinkern. Ja, und mit einem Mal ist mir klar: Sie hat es längst gewusst. Vielleicht sogar schon viel eher als ich.

JAROMIR KONECNY
SAMENSPENDER

»Samenspender?«, fragte ich verdutzt.

»Du kennst doch die Sage vom Urvater Tschech!«, sagte Lenka. »Mit seinem slawischen Volk hat er die Moldau überquert und ist auf den St. Georgsberg gestiegen. ›Hier ist das versprochene Land!‹, hat der Urvater Tschech gesagt. ›An Wild und Vögel reich, in dem süßer Honig und Milch in Überfluss sind!‹ Verstehst du denn nicht die Symbolik? Der Typ steht auf einem Gipfel, voll auf Testosteron, redet über das fruchtbare Land, unter ihm fließt die Moldau ... Na, wenn der Urvater nicht der mythische Samenspender ist! Der Stammgründer! So wie Adam in der Bibel.« Mann, oh, Mann! Schon mit sechzehn war Lenka eine Intellektuelle vor Gott. Wie konnte ich, der Dorfdepp, an ein solch gebildetes Mädchen rankommen?

Bis zur 9. Klasse hatte ich die Gesamtschule in unserem Dorf besucht. Wie es mein Karma so wollte, landete ich danach im Gymnasium in Ostrava in einer Klasse ohne Mädchen. Gleich daneben, in der 10b, gab's aber den magischen Mädchenzirkel: die Sportlerin Mirka, die Sexbombe Milada und die Philosophin Lenka. Klar hatte ich mich in die Philosophin verknallt. Zumal sich Lenka auch für ihren philosophischen Körper nicht schämen musste: langes braunes

74

Haar, ein großer Mund, der die Posaunen von Jericho blasen konnte, niemals ein BH unter ihren schwarzen T-Shirts und Brüste, nach denen sich sogar Pythagoras, der alte Mystiker, die Lippen lecken würde! Zeig mir deine Hypotenuse, Baby! Von diesem Mädchen würde ich mir gern den Sinn des Lebens erklären lassen! Ich begann, Bücher berühmter Philosophen zu lesen. Bald würde ich Lenka einen teuflisch klugen Spruch entgegenschmettern! Doch Lenka zog für ihre philosophischen Dispute die Jungs aus der Abiturklasse vor. Ein Jahr lang produzierte ich mich vor ihr mit Schopenhauers »Die Welt als Wille und Vorstellung« unter dem Arm, doch mit mir über meinen freien Willen zu reden kam Lenka nicht in den Sinn.

Bis heute! Heute hockte sie im Zug direkt neben mir. Hombre hatte uns in die Berghütte seiner Eltern eingeladen: fünf Jungs und fünf Mädchen aus der Parallelklasse. Würde ich an diesem Wochenende von den Gipfeln der Lust direkt in den Himmel der Sünde fliegen? Schon auf der Bahnfahrt dahin hockte ich im Paradies. Direkt neben meiner Eva! Sie war zu spät gekommen. Der einzige freie Platz war nun mal neben mir gewesen. Mann! Nicht nur, dass ich unsterblich in Lenka verknallt war! Seit ein paar Jahren hatte ich versucht, meine Jungfräulichkeit loszuwerden, aber die Unschuld klebte an mir wie Scheiße am Schuh. Aber jetzt! Mädchen! Fasching vor der Tür! Jetzt werden die Krapfen gefüllt!

Der überfüllte Zug tuckerte mühsam die verschneiten Gleise hinauf in die Berge. An unserem Waggonfenster blühten Eisblumen, die Lenka mit ihrem heißen Atem zum Schmelzen brachte. Oh, Lenka, ich will deine Eisblume sein, blas mich an, und ich schmelze wie die Moldau in Frühling. Ich fließe nur für dich!

»Ihr Männer seid nun mal Samenspender!«, sagte Lenka und warf einen Blick auf meinen Schoß, der zum Glück unter meinem schweren Rucksack verborgen lag. Dieses ganze Samengerede hatte meinen Pimmel schon eine Viertelstunde zuvor in höhere Zustände gepeitscht. Jetzt bohrte er sich in den Rucksack, als wollte er ihn aufspießen. Mensch! Bleib ruhig da unten! Doch der Schwanz ist blöd, der Schwanz scheißt auf die Philosophie, der Schwanz ist ein Egoist! Lenka ließ sich weiter durch das Eisblumenbeet am Fenster betören. »Warum haben die Urväter den Flüssen meist weibliche Namen gegeben?«, fragte sie. »Die Elbe, die Moldau, die Donau ... Als ob Naturvölker ihre Flüsse als Göttinnen angesehen hätten!«

»Panta rhei!«, sagte ich. »Alles fließt!« Der Spruch von Heraklit erwischte Lenka unvorbereitet. Sie hat mich ja für einen Vollidioten gehalten. Nach dem Zitat guckte sie mich aber an, als wäre ich der Supertalentphilosoph schlechthin. Und dann! Dann packte sie mich an der Hand und begann mit ihrem Finger meine Handfläche zu kitzeln. He? Ja, damit hab ich aber überhaupt nicht gerechnet! Lenka hielt mich an der Hand? Lenka? Mein Idol! Na, was soll's! Mutig machte ich mit.

Mein Klassenkamerad Pavel hatte mir mal erzählt, wenn eine Frau an deiner Handfläche rumkratzt, will sie mit dir vögeln. Boah! Mein Schwanz glühte und pochte wie der Oklo-Reaktor! Der Zug rüttelte und ruckelte, und mein schwerer Rucksack hüpfte auf meinem Ständer rum wie auf einem Sprungbrett. Mit Hilfe von autogenem Training versuchte ich das blöde Ding zu bezwingen – vergeblich! Zum Glück ließ Lenka jetzt ihre Finger ruhen. Sollte sie noch einmal mit ihrem Zeigefinger über meine Handfläche fahren, dann haut mein Gewichtheber den Rucksack in den Gang und macht hier auf Leuchtturm!

»Die Kulturgeschichte ist voller Phallus- und Samensymbolik!«, sagte Lenka. »Schon die Sintflut!« Sie drückte mir die Hand und fing wieder an, mit ihrem Zeigefinger kleine Kreise auf meiner Handfläche zu malen, wie Archimedes seine Kreise in den Sand am Strand von Syrakus, bevor die Flut sie wegschwemmte. Und da konnte ich's auch nicht mehr zurückhalten und spritzte mir die Hose voll! Aaaaah!

»Ist was?«, fragte Lenka besorgt.

»Neeee!«, zischte ich. Ich flute nur ein bisschen über! »Oooh!«, sagte ich. »Nichts, nichts, ich hab gestöhnt, weil bei mir der Schuh drückt!«

»Ach so!«

Verdammt! Was mache ich, wenn die Mädels in den Bergen meine Hose sehen? Als der Zug anhielt, jagte ich zum Ausgang, den Rucksack vor meine Spermahose hinhaltend. »Wo läufst du hin?«, rief mir Lenka nach.

»Ich hab draußen 'nen Schneehasen gesehen!«, rief ich zurück.

»Warte!«, rief Lenka. »Ich komme mit!« Aber da hüpfte ich schon vom Zug und trabte davon, direkt in die verschneiten Büsche.

Leider hatte ich keine Ersatzhose mit. Nur eine lange Unterhose und meine Pyjamahose mit den Hasen drauf. Die hatte mir Mutter entgegen meiner Proteste in den Rucksack gesteckt. Klar würde ich in einer normalen Situation die schwule Hasenhose vor den Mädels nie anziehen, aber diese Lage erforderte besondere Maßnahmen – ich schlüpfte hinein. Vielleicht würde jetzt in der Dämmerung keiner die Hasen entdecken.

»Und was ist das?«, rief Milada, als ich wieder am Bahnhof auftauchte. Alle beglotzten meine Hasenpyjamahose.

»Das ist meine Berghose!«, sagte ich. »Um die Schneehasen abzuschrecken. So wie man Vogelzeichnungen auf Fenster klebt, damit die Vögel nicht ins Glas fliegen, gibt's halt Hasenhosen. Hier ist ein Tollwuthasengebiet.«

»Du bist echt 'ne Nummer, Jaro!«, sagte Lenka und lächelte. Super!

In der Berghütte machten wir gleich Feuer im Ofen. Ich verzog mich ins Badezimmer, wusch meine Spermahose, schlüpfte unauffällig auf den Dachboden und hängte die Hose neben dem schon warmen Schornstein auf.

Unten kochte Hombre den Gute-Nacht-Glühwein. Leider hatten die Mädels jetzt etwas mehr Zeit, die Hasen auf meiner Pyjamahose zu bewundern. Besser, ich schlüpfte gleich in den Schlafsack. »Eine gute Idee!«, rief Lenka. »Wir können uns vor dem Einschlafen Geschichten erzählen!« Alle breiteten ihre Schlafsäcke auf dem dicken Teppichboden aus. »Scheiße!«, rief Lenka. »Ich hab meinen Schlafsack zu Hause vergessen!«

»Du kannst bei mir im Schlafsack pennen!«, sagte ich. Ja! Der mutigste Satz meines Lebens, und ich schmeiße ihn einfach so hin. Mann! Würde sie mich jetzt auslachen? Was denkst du dir, du geiler Schneehase? Dass ich ausgerechnet zu dir in den Schlafsack krieche?

»Okay!«, sagte Lenka. »Ich komme zu dir!« He? Die Jungs glotzten neidisch. Mit Hoffnung in den Augen guckten sie dann zu den Mädels, ob noch eine von ihnen ihren Schlafsack vergessen hätte. Die Mädels sicherten ihre Schlafsackreißverschlüsse. Nur ich – der Glückspilz!

Lenka tanzte in einer schwarzen Jeanshose und einem schwarzen Pulli an. »Aber keine Dummheiten!«, sagte sie und schlüpfte zu mir in den Schlafsack.

»Nö!«, sagte ich, doch mein Pimmel stand bereits Wache.

So ganz ohne Dummheiten wollte sie's sowieso nicht haben, denn gleich verpasste sie mir einen Zungenkuss. Ich stürzte mich auf sie wie ein Taschendieb. Doch als ich ihre Schatzgrotte ausrauben wollte, ließ sie ihre Wachen aufmarschieren. »Heute noch nicht!«, sagte sie. So ließ ich meine Hände unter ihrem Pulli herumwandern und rieb mich an ihr wie eine Scholle. Und plötzlich! So mir nichts, dir nichts! Nur ein paar harmlose Reibungen und: Ich kam wieder! Echt ungewollt! Ich wollte Dämme bauen, die Flut verhindern, doch schon kam die Welle und überschwemmte das Ufer. Wieder zischte ich vor Lust: »Aaah!«

Und wieder kam von ihr: »Geht's dir gut?«

»Supeeeeer!«

Dann schliefen wir ein. Erst die Sonne trieb uns aus den schönen Träumen heraus. Lenka öffnete ihre Augen, küsste mich leicht auf die Lippen und sagte: »Danke, dass du nicht gedrängt hast!«

Schön! Die anderen zwitscherten sich schon »Guten Morgen« zu. Ich war glücklich! Bis Lenka in ihrer Jeans aus meinem Schlafsack schlüpfte. Auf dem schwarzen Stoff das Zeugnis meiner Ausschweifung! Und das flächendeckend! Wohl war der Bösewicht aus dem Hasenhosenschlitz geschlüpft und hatte den Samen gesät, wo er nur konnte.

Ich wollte Lenka zurückziehen, sie für immer in meinem Schlafsack versteckt behalten – zu spät. »Was hast du denn mit deiner Jeans gemacht?«, rief Milada und Lenka guckte nach unten.

Seitdem trug ich in der Schule den Spitznamen »Samenspender«. Egal wie Lenka die mythischen Samenspender schätzte, den Spott der ganzen Schule wollte sie mit mir nicht teilen. Wohl hat sie den römischen Dichter Terenz nicht gelesen, der mal geschrieben hatte: »Nichts Menschliches ist mir fremd!« Ob es überhaupt Mädchen geben würde, die nach einer solchen Philosophie lebten, wusste ich damals nicht. Ich habe mir aber vorgenommen, nach diesen Mädchen zu suchen. Das müsste doch drin sein, verdammt noch mal!

ALEXA HENNIG VON LANGE
SCHWESTERN

Ich hatte eine Schwester. Nicht mal sie selbst wird geahnt haben, wie sehr ich sie liebte, oder überhaupt: was für ein außergewöhnliches Mädchen sie war. In diesem besonderen Sommer war sie siebzehn Jahre alt. Sie hatte blonde Locken, ein paar Sommersprossen auf der Nase und nackte Beine, die immer liefen. Ich sehe ihre Waden, die arbeitende Muskulatur, ihre gebräunten Füße in den pinkfarbenen Flipflops. Meine Schwester war sehr schön. Das wusste hier in der Nachbarschaft jeder, die Frauen fürchteten sie, die Männer wollten sie nur ein einziges Mal berühren. Damals wohnten wir noch in diesem Viertel, mit alarmanlagengesicherten Häusern und gepflegten Gärten; und alle Anwohner taten ihr Bestes, sich angemessen zu verhalten. Die heranwachsenden Kinder wurden dazu erzogen, gut in der Schule zu sein, nicht aus der Reihe zu tanzen, auf keine dummen Gedanken zu kommen, sich niemals zu betrinken, pünktlich nach Hause zu kommen und rechtzeitig ins Bett zu gehen. Alle spielten ein Instrument und bekamen Tennis-Unterricht. Außerdem sollten sie sich nicht auf »fragwürdige« Teenager einlassen, die ihnen »nicht entsprachen«. Am liebsten hätten die Leute ihren Kindern passende Ehepartner zugewiesen, damit ja nichts Unvorhersehbares passierte. Alles Uneinschätzbare musste ausgeschlossen werden, die Mädchen und Jungen aus unserer Gegend durften höchstens Händchen halten, sie sollten möglichst lange unschuldig bleiben. Diese Rechnung hatten die Eltern allerdings ohne meine Schwester gemacht. Denn: Die lebte ja auch noch hier.

Meine Schwester flirrte nachmittags über die Straßen, sprang den sonnengefluteten Bürgersteig hinunter, auf der anderen Seite wieder hinauf, quer über den Spielplatz. Sie machte vor nichts und niemandem halt. Sie hieß Nathalie und war voller Lebensfreude. Sie hatte dieses verschmitzte Lächeln. Nicht einen Tag hatte ich sie ohne dieses verschmitzte Lächeln gesehen, das alle aufforderte, auch zu lächeln und sich ihr hinzugeben. Und wenn ich sage: alle, dann meine ich das so. Nicht einmal die Mädchen aus ihrem Jahrgang konnten sich ihrem Zauber entziehen, nur ein wenig von ihrem Glanz abbekommen wollten sie. Nathalie schloss ihr Fahrrad nie an, leichtfüßig hüpfte sie die Treppen ins Schulgebäude hinauf und nach Schulschluss wieder hinunter, schwebte in den Biologieraum hinein, dann wieder quer durch die Pausenhalle, drehte eine Runde auf dem Sportplatz, rauchte eine Zigarette oder zog einen aufgeregten Jungen auf die Mädchentoilette.

Ich liebte meine Schwester.

In diesem Sommer veranstaltete ich zu meinem fünfzehnten Geburtstag eine Grill-Party bei uns im verwilderten Garten, zu der ich meine gesamte Klasse eingeladen hatte. Meine Schwester half mir, im Schatten der Magnolie den Grill aufzubauen. Sie glitt an mir vorbei, ihre kühle Hand flog über meinen Unterarm: »Meine Süße, ich hole die Kohle.«

Ich sehe sie den grasbewachsenen Hang hinauflaufen, sie trug eine sehr kurze Hose, sodass man den Ansatz ihres Pos sehen konnte. Dazu eine enge Bluse mit Puffärmeln, deren obere Knöpfe offen standen und ihren weißen Spitzen-BH freilegten. Um ihren Hals trug sie ein silbernes Kettchen mit einem grünen Fischanhänger, den ihr ein Junge aus der Parallelklasse aus dem Urlaub mitgebracht hatte. An den Füßen trug sie ihre pinkfarbenen Flipflops. Ums Handgelenk hatte Nathalie einen schmalen silbernen Armreif, am anderen Handgelenk eine Armbanduhr. An den Fingern steckten drei Ringe. Diesen Schmuck nahm sie abends in immer gleicher Reihenfolge ab, legte ihn auf ihr Nachtschränkchen, und in gleicher Reihenfolge legte sie ihn – in den Spiegel lächelnd – auch wieder an. Sie flüsterte mir zu: »Das steigert die Spannung.«

Und schon grinste sie noch ein bisschen mehr und zeigte ihre hübschen Zähne; und immer mochte ich sie umarmen, über ihre samtige gebräunte Haut streichen. Sie lief durch den flatternden Garten, die hochgeschossenen Gräser rieben ihre Halme flüsternd aneinander; und an diesem frühen Nachmittag verschwand sie zu meiner Mutter in die Küche, wo sie die Salate vorbereitete. Ohne es durch die dunkle Scheibe erkennen zu können, wusste ich, dass Nathalie meiner Mutter einen zärtlichen Kuss auf die Wange drückte. Meine Schwester war voller Liebe.

Später am Nachmittag kamen meine Klassenkameraden auf ihren Rädern angefahren, in ihren Rucksäcken hatten sie Bratwürstchen und Baguettestangen dabei. Das alles brachten sie in die Küche zu meiner Mutter, auch, um sie artig zu begrüßen. Mein Vater hielt sich da bereits in der Garage auf, um unser Kanu auf den Dachgepäckträger zu schrauben, meine Eltern wollten den restlichen Tag mit Paddeln verbringen, um uns »junge Leute« nicht zu stören. Natürlich war meiner

Mutter klar, dass der Grillnachmittag eskalieren könnte, dass etwas passieren würde. Es war klar. Unsere Familie wartete seit Jahren darauf, dass etwas passierte, was unsere Einheit zersprengte. Meine Schwester war nicht in Zaum zu halten, in ihr war etwas, das sich ausdehnen wollte, auch sie konnte nichts dagegen tun. Es war eine Kraft.

Zum Abschied strich mir meine Mutter am Garagentor die frisch gewaschenen Haare aus der Stirn und lächelte ihr Lächeln, das immer von leicht feuchten, wissenden Augen begleitet wurde: »Passt auf euch auf.«

Ich kann es gleich sagen: Es hätte nichts geändert, wären meine Eltern dageblieben, alles wäre genau so gekommen. Es war diese Kraft. Das wussten wir. Und darum fuhren sie. Mein Vater gab mir einen weichen Kuss auf die Stirn: »Viel Spaß, mein Engel!«

Dann stiegen meine Eltern ins Auto, schlugen die Türen zu und fuhren langsam die sommerliche, aufgeheizte Straße hinunter, an deren Ende die Luft über dem Asphalt flimmerte. Ich sah das tannengrüne Kanu auf dem Dach, sah das dunkle Heckfenster und wusste: Da verschwinden meine Eltern in ihren Sommerkleidern, überlassen uns dem unausweichlichen Schicksal und fliehen runter zum Fluss. Der Wagen bog um die Kurve und wurde von den Hecken verschluckt.

Im Garten stand meine Klasse mit Papptellern in kleinen oder größeren Gruppen im Schatten der Magnolie zusammen, sie legten immer neue Würste auf den Grill und meine Schwester lächelte verschmitzt. Dabei rauchte sie Zigaretten oder setzte sich mit ihrer kurzen Hose auf die Schaukel, um in die blätterbepackten Zweige der Magnolie zu schaukeln, hinein in den hellrosa Blütenzauber. Sie winkelte ihre Beine an, streckte sie wieder voll aus, die Muskeln unter der herrlich gebräunten Haut arbeiteten, und sie war voller Leben und besessen von dieser Kraft, die sich aus ihr herausdrängte und den Lauf der Dinge bestimmte.

Als es dämmerte, war meine Schwester verschwunden, die Amseln zwitscherten der Nacht entgegen, aus dem angekippten Fenster ihres Zimmers im ersten Stock hörten wir ihre Schreie. Nicht ungezügelt, eher unterdrückt. Ich sah mich im Garten um, wer noch fehlte. Die Mädchen sahen sich um. Die Jungs sahen sich um. Mio war also oben, bei Nathalie. Wir hatten nicht mitbekommen, wie und wann die beiden ins Haus verschwunden waren. Ich versuchte mir vorzustellen, was meine Schwester und Mio da oben taten. Hatte er ihr die Bluse aufgeknöpft, ihren BH geöffnet, wusste er, wie das ging? Waren sie bereits nackt? Kniete meine Schwester vor Mio? Bestimmt hatte sie ihm schon ins Ohr geraunt: »Verlieb dich bloß nicht in mich.« Einige Jungs kicherten und machten mit ihren Becken und ihren vorgestreckten Händen ordinäre Bewegungen, wie man das hier so nannte. Ordinär.

Die Mädchen schüttelten ihre Köpfe und sammelten sich noch enger zusammen, sie flüsterten, ihre moralischen Blicke hinauf zum angekippten Fenster gerichtet, sie kannten meine Schwester nicht richtig. Die Jungs liefen los, sie hatten ja schon Geschichten über Nathalie gehört, die Leiter aus der Garage zu holen. Sie schubsten sich, Chrissi flog quer über die blühenden Rabatten, in den Ginster hinein. Die violetten Blütentrauben des Flieders zitterten und schienen von den Zweigen abzustürzen. Helli stolperte die schmale Steintreppe hinunter und der Maschendrahtzaun hinter dem Oleander federte ihn ab. Die anderen Jungs überholten ihn, wobei ihnen die ausgewaschenen Jeans den Po hinunterrutschten, sodass ihre Unterhosen sichtbar wurden. Sie lachten, die Mädchen verschwanden immer weiter in den hinteren Teil des Gartens hinein, in dem es dunkel war und modrig roch. Hier lag noch das feuchte, schwarzbraune Laub des letzten Herbstes. Sie verschränkten ihre nackten, gänsehautüberzogenen Arme vor der Brust und standen gekrümmt, ihre Knie zitterten in ihren Röcken und kurzen Hosen. Sie wollten nach Hause.

Ich stand in der Mitte des Gartens, unfähig, die auseinanderdriftende Gruppe zusammenzuhalten, abzulenken, die Konzentration wieder in den Garten zurückzuholen. Meine Schwester seufzte, schrie auf, ihre Stimme flatterte auseinander. Ich sah alles deutlich vor mir. Ihre nackten, langen, gebräunten Beine, die sich um Mios schmale Taille schlangen, ihr verschmitztes, aufforderndes Lächeln: »Komm her.« Jetzt nahm sie sein erstauntes Gesicht in ihre Hände, zeigte ihm, wie es ging. »Leg dich auf den Rücken.« Sie wirbelte ihn herum, hielt seine Hände oben über seinem Kopf zusammen. So blickte sie auffordernd auf ihn hinunter, stellte sich auf ihre Füße, die rechts und links seine Hüfte einklemmten. Sie hockte auf ihm und hörte sein unterdrücktes, ängstliches Flüstern: »Kannst du schwanger werden?«

Sie lachte: »Machst du Witze?«

Die Bilder kamen, sie schossen aus allen Himmelsrichtungen auf mich ein, die heruntergerutschte Hose, die sich unten um Mios Knöchel knäulte, seine durchgestreckten Arme, seine Brust, sein nackter Bauch, seine unerfahrenen Augen, die gerade noch hungrig schauten, im nächsten Moment die Lider fest zusammenkniffen. Seine glatte Haut, meine Schwester, die schwer atmete, ihren Brustkorb durchstreckte und seufzte.

Wir alle blickten hinauf, zum angekippten Fenster, sahen unsicher zu den Jungs, die die Leiter meines Vaters an die

Häuserwand über dem großen Wohnzimmerfenster lehnten, hinter dem unsere Sofas und der Esstisch diffus zu erahnen waren. Die Vase mit dem Feldblumenstrauß hob sich als schwarze Silhouette vor dem Wohnzimmerfester ab, das zur Straße hinausführte. Von hier aus konnten wir durchs gesamte Haus sehen. Ein Wagen fuhr vorbei, die Mädchen kamen wieder näher heran, niemand achtete mehr auf den Grill, dessen Kohle langsam verglühte, mir fiel nur auf, dass etwas fehlte. Einer der Jungs, Leon, hielt die Leiter, Fladi stieg hinauf, kichernd, während ihn die anderen an den Hosenbeinen zogen: »He! Ich will auch!«

Er stieg höher, ich öffnete meinen Mund. Ich wollte das nicht. Das war meine Schwester. Unser Garten. Unsere Leiter. Mein Leben. Meine Grill-Party. Meine Klassenkameraden. Nur: was fehlte? Ich ging vor, den grasbewachsenen Hang hinauf: »Ich finde ...«

Fladi war längst oben, sah hinein ins Fenster meiner Schwester, durch die dunkle Scheibe, legte wackelnd seine Hände ums Gesicht, damit er besser alles hinter der Scheibe erkennen konnte, dann drehte er sich zu uns um und brüllte in einer Mischung aus Begeisterung und Verstörung: »Hey! Die ficken!«

Die anderen Jungs drängten nach auf seine Sprosse: »Lass sehen!«

Die Mädchen und ich standen unten, mit weit aufgerissenen Augen, fassungslos, was hier passierte, unfähig, auch nur ein Wort, irgendeins, zu formulieren. Ich dachte nur: Das ist nicht gut. Das war uns allen klar. Das war nicht gut. Wir hörten meine Schwester schreien. Neben mir flüsterte Marie endlich: »Hat die gar keine Hemmungen?«

Und das Gerangel da oben auf der obersten Sprosse der

Leiter meines Vaters, die er normalerweise benutzte, um die Rosen, die sich die Häuserwand hinaufschoben, zu schneiden, um Glühbirnen einzudrehen, um im Flur Spinnenweben zu entfernen, erstarrte mit einem Mal. Die Jungen hielten sich, nein, klammerten sich aneinander fest, an ihren T-Shirts, den nackten Armen, ihre Hände stützten sich Halt suchend an der Häuserwand zwischen den Rosenranken ab, um nicht allesamt umzukippen und auf den Zaun zu stürzen, der unseren Garten zum Nachbargrundstück abgrenzte. In die rosafarbenen Blütenbälle der Hortensien hinein: »Die ficken gar nicht!«

»Mio! Was macht der da?« Die Jungs schlugen sich die Hände vor die Münder, fassungslos, die Augen weit aufgerissen. Wir Mädchen blickten zu ihnen hinauf, unfähig, auch nur etwas zu denken.

Dann war es still. Der rote, wolkenlose Abendhimmel spannte sich über uns. Das Gezwitscher der Amseln verstummte. Um mich herum ließen die Mädchen ihre fröstelnden Arme sinken. Ein leichter Wind ging raschelnd durch die Krone der Magnolie, Blütenblätter segelten auf uns hinab und blieben im flach getretenen Gras liegen. Ich blickte hinunter auf meine nackten Füße in den hellblauen Flipflops. Schließlich wieder hinauf zu den Jungen auf der Leiter, die nun langsam, mit zitternden, unsicheren Knien Sprosse für Sprosse herunterkamen. Der erste, es war Chrissi, berührte mit seinen Chucks die Steinplatten der Terrasse. Er taumelte einen Schritt zur Seite und übergab sich direkt in die Rosenbüsche neben der Küchentür. Dann folgte Helli, zögernd ließ er die Leiter los. Als er stand, drehte er sich vorsichtig um, ganz langsam drehte er sich um, bis sein kalter, starrer Blick an meinem haften blieb: »Er hat sie ...«

Weiß, mit blutunterlaufenen Augen kam er auf uns zu, wabernd, als hätte er keine Knochen mehr im Körper. Als er unsere Mädchengruppe erreichte, ließ er sich neben mir in Janis Arme fallen. Um sein Gewicht abzufedern, machte sie einen Ausfallschritt zurück: »Wah! Helli!«

Sie lachte auf.

Verstummte gleich, als er sich immer weiter sinken ließ, und ging mit ihm in die Knie: »Scheiße, was ist das denn? Der ist ohnmächtig.«

Die Mädchen formatierten sich neu, um Jani und Helli herum, halfen ihr, Helli vorsichtig aufs Gras zu legen. Seine Augen waren halb geöffnet, sodass nur das Weiße zu sehen war.

Ich wandte meinen Kopf wieder Richtung Leiter, endlich stand auch Fladi auf der Terrasse, hinter ihm kippte die Leiter um und blieb raschelnd im Flieder hängen. Das Grillmesser – jetzt endlich fiel es mir ein – fehlte. Er brüllte, mit vorspringender Halsschlagader: »Lauft! Haut ab! Los! Los! Los!«

Er riss Chrissi mit sich, der sich gerade wieder aufrichtete und sich den Mund mit seinem Handrücken abwischte, stieß ihn in Richtung Steintreppe: »Los! Hau ab!«

Fladi stürzte den grasbewachsenen Hang zu uns herunter, breitete seine Arme aus, um uns einzufangen, unter der Magnolie wegzudrängen. Er brüllte: »Haut ab! Haut ab!«

Seine Stimme überschlug sich: »Der Idiot hat sie abgestochen.«

Allein stand ich auf der Straße vor unserem Haus. Alle anderen waren weggelaufen, einfach die Straße hinunter, Richtung Tennisclub. Der Idiot hat sie abgestochen. Was genau hieß denn das? Mein Handy klingelte in der Rocktasche. Ich stand da, unfähig, einen klaren Gedanken zu fassen, noch wegzulaufen. Ich stand nur da, sah zu den roten

Alarmanlagenlampen, die über den Haustüren der Nachbarhäuser angebracht waren, ließ meinen Blick schweifen, über
die Buchsbäume in unserm Vorgarten, hinein ins Wohnzimmer, wo der Feldblumenstrauß ungerührt auf dem Esstisch
stand, dahinter, Mio. Er hielt sich sein Handy ans Ohr. Ich
sah hinunter auf mein Display. Er war es, der mich anrief. Ich
nahm ab, er flüsterte: »Wo seid ihr denn alle?«

»Was hast du getan?«

»Ich weiß nicht. Ich glaube, sie ist tot.«

»Warum?«

»Ich wollte nicht, dass sie noch einen anderen hat.«

Von allen Seiten schienen sie angefahren zu kommen, die
Sirenen heulten, ich stand mitten auf der Straße, mit dem
Handy am Ohr, Mio durch die Scheibe ansehend. Ich sah,
wie er das Telefon sinken ließ, es behutsam auf den Tisch legte, sich das Messer vor die Brust hielt und sich einfach nach
vorne fallen ließ. Dann war er verschwunden. Sie rannten
um mich herum, brachen die Tür auf, rannten in den Garten, stürzten über die Rabatten, kamen durch alle Öffnungen
ins Haus hinein. Ich ging ruhig nach oben, die Treppe, die
ich in der Kindheit mit meiner Schwester so oft hinauf- und
hinuntergelaufen war, ich ging hinauf, ließ meine Flipflops
unten auf den Steinplatten, am Fuß der Treppe stehen, um
den hellen Teppich auf den Stufen nicht dreckig zu machen,
ging hinauf, während sie sich unten im Wohnzimmer um
Mio scharten und brüllend einen Krankenwagen riefen. Ich
ging ganz langsam über den Flur und blieb im Türrahmen
zum Zimmer meiner Schwester stehen. Sie lag da, nackt, bis
auf die aufgerissene Bluse, blutverschmiert, mit lächelndem
Gesicht. In ihr war eine Kraft gewesen, unauslöschlich, wie
wir dachten.

JOCHEN TILL
ABGEFÜLLT

»Weißt du, das is echt nich fair!«

Mann, ist die besoffen. Perfekt.

»Ich mein, ich seh doch echt nich schlecht aus, oder? *Oder?* Seh ich etwa scheiße aus? Kannst ruhig sagen, wenn ich scheiße aussehe. Dann wüsst ich wenigstens, woran's liegt. Aber ich seh nich scheiße aus, oder?«

Na ja, geht so. Ihre Titten könnten ein bisschen größer sein. Okay, sie könnten *viel* größer sein für meinen Geschmack. Und ihr Arsch dafür zwei Nummern kleiner. Aber egal. Für meine Zwecke reicht sie vollkommen. Wählerisch war ich schließlich lange genug.

»Was? Nein!«, sage ich energisch und möglichst überzeugt. »Natürlich siehst du nicht scheiße aus! Im Gegenteil. Ich finde, dass du ziemlich klasse aussiehst. Weltklasse sogar – wenn ich das sagen darf.«

Zurückhaltung. Ein klein wenig vornehme Zurückhaltung und gespielte Schüchternheit, das ist der richtige Weg, um zwischen die Beine eines Mädchens zu kommen. Hoffe ich zumindest. Mit brachialen und direkten Anmachen bin ich jedenfalls bisher immer auf die Schnauze geflogen. Aber man lernt ja ständig dazu.

»Natürlich darfst du das sagen!«, sagt sie und dreht ver-

91

zückt lächelnd ihren Kopf zu mir. »So was darf man immer zu einem Mädchen sagen. Das wird viel zu selten zu Mädchen gesagt. Das kannst du auch ruhig noch mal sagen, weil, das hat nämlich schon ewig keiner mehr zu mir gesagt.«

Na also, scheint tatsächlich zu funktionieren. Ich schenke ihr mein charmantestes Lächeln und blicke direkt in ihre leicht glasigen Augen.

»Sina, du siehst echt Weltklasse aus«, sage ich.

»Das ist sehr süß von dir, Simon«, erwidert sie lächelnd, beugt sich zu mir herüber und drückt mir einen feuchten Schmatzer auf die Wange.

Ich blicke gespielt verlegen nach unten. Zu blöd, dass man nicht absichtlich rot werden kann, sonst würde ich das jetzt nämlich anwenden.

Sie lässt sich zurück in die Polster der Couch fallen und seufzt tief. Dann fängt sie plötzlich an zu schluchzen. Klar, das musste ja noch kommen. Ist schließlich immer so. Mädchen und Alkohol, das passt einfach nicht zusammen. Wenn Mädchen zu viel getrunken haben, werden sie entweder völlig hysterisch, depressiv oder sentimental wie meine Mutter, wenn sie *Dirty Dancing* guckt. Nicht zum Aushalten. Das ist der Nachteil daran, wenn man ein Mädchen abfüllt. Aber wenn man damit schließlich zum Erfolg kommt, ist die Flennerei dann doch ein vergleichsweise kleiner Preis, den es zu zahlen gilt.

»Alles okay bei dir?«, frage ich leise und möglichst unaufdringlich besorgt klingend.

Das Schluchzen wird stärker.

»Wenn ... wenn ich wirklich so Weltklasse aussehe ... wieso ... wieso hat Marco dann schon nach einer Woche Schluss gemacht?«

Also bitte, das liegt ja wohl ganz klar auf der Hand: Weil er sie sowieso nur ficken wollte, das dann ein paar Tage lang gemacht hat, bis es ihm zu langweilig wurde und er schließlich eine gefunden hatte, deren BH-Größe im Alphabet zwei Stellen weiter hinten steht. Woher ich das weiß? Er hat es mir erzählt. Ist ja nicht umsonst einer meiner besten Kumpel. Und von ihm weiß ich auch, dass Sina nach ein paar Wodka-Red-Bull immer Schwierigkeiten hat, die Beine zusammenzuhalten. Gut für mich. Wenn nur diese Scheißflennerei nicht wäre.

»Und ... und ...«, schnieft und schluchzt sie. »Und er hielt es ja nich mal für nötig, mir zu sagen, dass ... dass Schluss ist. Das ... das hab ich erst gestern per SMS erfahren.«

Ihre rechte Hand verschwindet kurz in der Tasche ihrer knallengen Jeans und zieht ihr Handy hervor. Sie tippt eine ganze Weile lang darauf herum, dann streckt sie es mir entgegen.

»Da, guck!«, sagt sie.

Ich muss ihre Hand festhalten, weil sie vor meinem Gesicht hin und her schwankt. Dann werfe ich einen Blick aufs Display:

du närvs vapiss dich machs dir selbs

Was für ein verdammt cooler Hund. Von der Rechtschreibung mal abgesehen, meine ich – aber Marco steht schließlich nicht umsonst seit Jahren in Deutsch beharrlich auf einer Fünf. Dafür kriegt er allerdings so ziemlich jede in die Kiste, auf die er es abgesehen hat. Wenn ich die Wahl hätte, würde ich meine gute Rechtschreibung sofort gegen seine Erfolgsquote bei den Mädels eintauschen. Eine Eins im Diktat ist im Vergleich zu den Resultaten, die Marco in fremden Betten erzielt, doch unvergleichlich unbefriedigender. Tja, der eine kann eben ordentlich schreiben und der andere ordentlich ... Aber egal, genau das will ich ja heute Abend ändern. Und irgendwann genauso reihenweise Mädels flachlegen und kurz danach cool per SMS abservieren wie Marco.

»Ich mein ...«, schluchzt es neben mir nervig weiter. »Weißt du, ich hab ihm doch gar nix getan. Drei Tage vorher war noch alles in Ordnung. Da haben wir noch ... Da haben wir uns doch noch geliebt. Und dann so was. Warum macht der denn so was? Weißt du, warum der so was macht?«

»Weil er ein Arschloch ist«, sage ich und blicke ihr dabei ernst ins Gesicht.

Sorry, Marco, bist du natürlich nicht, du bist der Beste! Aber der Zweck heiligt die Mittel – hab ich von dir gelernt.

»Das stimmt allerdings«, sagt sie und nickt. »Aber das hättest du mir ruhig mal vorher sagen können. Weil, am Anfang, da war er gar kein Arschloch, da war er total lieb.«

»Das war doch alles nur Show«, sage ich. »Er wollte dich doch nur ... Na ja, du weißt schon was. Das macht er immer so.«

Und wieder ein wenig vornehme Zurückhaltung. Ausdrücke wie *ficken* oder *vögeln* kommen bei Mädchen nur selten gut an.

»Du meinst, er wollte mich nur ficken?«, sagt sie.

Okay, es gibt offenbar Ausnahmen. Soll mir recht sein. Wenn sie es schon so direkt ausspricht, wird sie wohl auch kein Problem damit haben, es zu tun.

»Davon kannst du ausgehen«, beantworte ich ihre Frage. »Diese Nummer zieht er doch ständig ab.«

»Oh, fuck«, seufzt sie. »Wieso gerate immer ausgerechnet

94

ich an solche Arschlöcher? Ach ja, ich weiß schon. Das liegt wahrscheinlich daran, dass *alle* Jungs Arschlöcher sind.«

Stimmt genau. Und diejenigen, die es nicht sind, sind Weicheier. Oder Arschlöcher, die einen auf sensiblen Frauenversteher machen, um die Mädels rumzukriegen. Das soll tatsächlich funktionieren, stand in irgendeinem Anmachforum. Einen Versuch ist es allemal wert.

»Hey«, beschwere ich mich leise. »Schmeiß mich bitte nicht mit Marco in einen Topf. Es gibt auch Jungs, die nicht so drauf sind.«

»Stimmt«, sagt sie. »'tschuldigung. Du bist echt ein Lieber. Sonst würdest du ja nicht die ganze Zeit hier neben mir sitzen und dir mein Geflenne anhören.«

Sie wischt sich mit dem Ärmel schwarze Mascarapfützen aus dem Gesicht. Dann sieht sie mich verschämt lächelnd an, beugt sich erneut zu mir herüber und drückt ihre Lippen auf meine Wange, wo sie auch eine kleine Weile lang bleiben, bevor sie sich von mir lösen.

»Danke«, flüstert sie in mein Ohr. »Bist echt ein Lieber.«

Ich überlege kurz, ob jetzt der richtige Zeitpunkt für einen Angriff wäre, für einen Kuss, einen richtigen, aber dann hat sie sich schon wieder zurück in die Polster gelehnt und die Gelegenheit ist vorbei. Nicht schlimm. Bloß nichts überstürzen. Lieber etwas länger warten, nichts riskieren, Hauptsache, es kommt zum Abschluss. Und da kann ein bisschen mehr Wodka-Red-Bull bestimmt nicht schaden.

»Magst du noch was?«, frage ich und zeige auf ihr fast leeres Glas.

»Oh, ja!«, antwortet sie. »Und spar bitte nich mit dem Wodka.«

Keine Sorge, werde ich bestimmt nicht, im Gegenteil.

Ich erhebe mich von der Couch, als mich die Schwerkraft plötzlich böse von hinten anfällt und mich zurückplumpsen lässt, direkt auf Sinas Schoß.

»Hoppla!«, quiekt sie lachend auf. »Da hat wohl jemand schon ein bisschen zu viel getrunken.«

Hab ich gar nicht! Nicht mehr als sie jedenfalls. Und ich vertrage eine ganze Menge. Gerade letzte Woche habe ich noch Karsten unter den Tisch getrunken. Okay, das war nur Bier, mit Wodka habe ich noch nicht so die große Erfahrung. Aber mehr als ein Mädchen vertrage ich auf jeden Fall. Wäre ja gelacht.

»Sorry«, sage ich und lächle sie verlegen an. »Aber ich bin nicht besoffen, das muss deine unwiderstehliche Anziehungskraft gewesen sein.«

»So, so, meine unwiderstehliche Anziehungskraft also«, sagt sie und lächelt zurück. »Heißt das, du bleibst jetzt hier sitzen, oder wie darf ich das verstehen?«

»Tja«, erwidere ich und zucke hilflos mit den Schultern. »Tut mir leid, geht nicht anders, ich komme hier nicht weg, deine Anziehungskraft ist zu stark, dagegen komme ich nicht an.«

Wir blicken uns einen Moment lang tief in die Augen. Gleich. Gleich küsst sie mich. Dann hab ich es geschafft. Wenn sie mich erst mal küsst, kommt der Rest von allein. Los jetzt, küss mich schon!

»Du Spinner«, sagt sie und ihr Gesicht verzieht sich zu einem breiten Grinsen. »Wie sollen wir denn noch was zu trinken kriegen, wenn du hier festklebst? Na los! Heb gefälligst deinen entzückenden Arsch und hol mir was, ich verdurste!«

Sie legt ihre Hände auf meine Hüften und bugsiert mich kichernd von sich herunter, während ihre Finger etwas länger auf meinem entzückenden Arsch liegen bleiben als nötig. Na also, das läuft ja bestens. Wobei ein letztes Glas Lockermacher sicher nicht schaden kann.

»Das kann ich natürlich nicht verantworten«, sage ich und zwinkere ihr zu. »Wie war das noch mal gleich? Ein Glas Wasser für dich? Kommt sofort!«

»Wag dich!«, sagt sie und boxt mir spielerisch auf den Arm.

Ich erhebe mich erneut von der Couch und schaffe es diesmal auch, stehen zu bleiben und in Richtung Küche zu laufen. Okay, zugegeben, ganz nüchtern bin ich wirklich nicht mehr, sonst würde der Flur wohl nicht so schwanken. Aber egal, allzu lang habe ich ja eh nicht mehr vor, mich aufrecht fortzubewegen. In spätestens einer halben Stunde sollte ich mich nur noch in der Horizontalen bewegen müssen.

In der Küche sieht es aus wie nach einem Bombeneinschlag. Nudelsalat hängt verschmiert an den Wänden, ein umgestoßener Aschenbecher hat seinen Inhalt auf dem Boden verteilt, der übersät mit klebrigen Pfützen ist.

Ich schiebe mich schnell zwischen ein paar Jungs durch, die gerade 0,5er Dosen zum Schießen ansetzen – natürlich landet über die Hälfte des Inhalts auf dem Boden. Ich schnappe mir zwei 0,3er Plastikbecher, die einigermaßen unbenutzt aussehen, kippe in den einen bis zur Hälfte und in den anderen wesentlich weniger Wodka hinein und fülle sie mit Red Bull auf.

Als ich zu Sina zurückkomme, ist sie gerade darin vertieft, angestrengt konzentriert irgendetwas in ihr Handy zu tippen.

»Na endlich«, sagt sie, ohne zu mir aufzublicken. »Eine Minute länger und ich wäre verdurstet.«

Immer noch auf ihr Handy fixiert, streckt sie mir ihre freie

Hand entgegen und klappt sie demonstrativ fordernd ein paarmal auf und zu.

»Na los, worauf wartest du noch? Gib schon her!«, sagt sie.

Oh, fuck. Ich habe vergessen, welcher Becher für sie bestimmt war. Beim Einschenken war es der linke, oder? Aber habe ich ihn dann auch in die linke Hand genommen? Oder war es doch der rechte? Verdammt. Ich werfe einen hastigen Blick von oben in die Becher. Nein, an der Farbe ist es nicht zu erkennen. Und dran riechen wäre zu auffällig. Mist, was mache ich denn jetzt?

»Hallo? Nich einschlafen!«, sagt Sina, erhebt sich kurz von der Couch, krallt sich einen Becher und lässt sich zurück in die Polster fallen.

Sie nimmt einen tiefen Schluck und widmet sich wieder ihrem Handy. Ich setze mich neben sie und nippe vorsichtig an meiner Wodka-Mischung. Nein, keine Chance zu erkennen, ob das die stärkere Version ist, schmeckt nur nach Gummibärchen. Aber okay, vergessen wir das, die Chancen stehen immerhin 50:50, dass sie den richtigen Becher hat, und selbst wenn nicht, dann sollte es trotzdem noch reichen, um sie in die Kiste zu kriegen. Wenn sie bloß endlich mal damit aufhören würde, auf ihrem blöden Handy rumzutippen. Ich bin doch wieder da, also beschäftige dich lieber mit mir, Baby! Wirst es auch bestimmt nicht bereuen, das wird die Nacht deines Lebens, versprochen!

Ein paar ewig lang scheinende Minuten später ist es endlich so weit, sie hört auf zu tippen.

»Guck mal«, sagt sie und schiebt mir das Handy vor die Augen. »Wie findsten das?«

Ich lese, was sie geschrieben hat. Es ist eine SMS an Marco.

ich würd ja sagen mach es dir auch selbst, aber so schlechten sex wünsch ich nicht mal dem größten arschloch der welt!!!

Okay, sie lügt natürlich. Von dem, was ich gehört habe, ist Marco alles andere als eine Niete im Bett. Wenn dem so wäre, würden es ja wohl kaum so viele Mädels mit ihm machen. Aber als Retourkutsche ist diese SMS an sich natürlich nicht schlecht. Wobei sich Marco mit Sicherheit einen Dreck darum scheren wird. Wahrscheinlich liest er sie, während er gerade Sinas Nachfolgerin vögelt.

Ich grinse Sina breit an und strecke beide Daumen in die Luft.

»Gut?«, fragt sie.

»Weltklasse!«, antworte ich.

»Abschicken?«

»Abschicken.«

Sie drückt auf *Senden*, die SMS verschwindet vom Display.

Das Handy in ihre Hosentasche schiebend, lehnt sie sich erleichtert ausatmend zurück.

»Puh«, sagt sie. »Jetzt geht's mir besser.«

»Sehr gut«, sage ich und strecke ihr meinen Becher entgegen. »Darauf trinken wir. Prost.«

»Ja, Prost«, sagt sie und stößt mit mir an. »Darauf, dass es Marco nie gegeben hat.«

»Marco? Wer ist das?«, frage ich und zwinkere ihr grinsend zu.

Sie lacht und nimmt einen tiefen Schluck. Sehr gut, weiter so, immer brav trinken.

Wir sitzen für eine Weile schweigend nebeneinander, während ich krampfhaft darüber nachdenke, was mein nächster Schritt sein wird.

Ob ich einfach mal meinen Arm um sie lege? Das ist meistens Marcos erster move. Er legt einen Arm um sein Opfer, flüstert ihr irgendwas ins Ohr und keine zehn Sekunden später befindet sich ihre Zunge in seinem Mund. Bleibt nur die Frage, *was* er ihnen ins Ohr flüstert? Verdammt, warum weiß ich das nicht? Ich hätte ihn fragen sollen. Mist, was mache ich denn jetzt? Irgendwas muss ich machen, sonst ...

»Sag mal«, reißt Sina mich aus meinen Gedanken. »Hast du eigentlich keine Freundin?«

Oha. Sie will wissen, ob ich eine Freundin habe. Wie kommt sie denn jetzt da drauf? Ich meine, das fragt man doch nicht nur so, oder? Wenn ich das ein Mädchen fragen würde, dann nur, um herauszukriegen, ob ich freie Bahn habe oder mit einem Typ rechnen muss, der mir die Fresse verbeult, wenn ich seiner Liebsten an die Wäsche gehe. Heißt das etwa, sie will wissen, ob sie bei mir freie Bahn hat? Das wäre ja noch leichter, als ich gehofft hatte. Oder ist sie einfach nur neugierig, wie es die meisten Mädchen sind? Vielleicht will sie das ja nur wissen, um es irgendwelchen Freundinnen weiterzutratschen. Mist, jetzt bin ich genauso weit wie vorher. Aber egal, so oder so, die Antwort, die ich ihr geben muss, bleibt die gleiche ...

»Ich? Eine Freundin?«, sage ich und zucke leicht verlegen mit den Schultern. »Nein, zurzeit nicht.«

»Echt?«, sagt sie verwundert. »Und warum nich?«

Das wüsste ich allerdings auch mal gern. Ich meine, es ist ja nicht so, dass ich es nicht versucht hätte wie ein Verrückter, aber außer Knutschen und ein bisschen Fummeln ist bisher mit Mädels nichts gelaufen, so richtig rangelassen hat mich noch keine. Ja, genau: Noch keine! Ich bin eine verfluchte Jungfrau! Und das mit fast siebzehn! Es ist echt zum

Kotzen! Alle anderen sind die ganze Zeit am Ficken, nur bei mir steht immer noch alles auf Handbetrieb! Dabei hätte ich es echt drauf. Ich habe mehr als genug Pornos gesehen, ich weiß ganz genau, was da zu tun ist, da macht mir so schnell keiner was vor. Das Einzige, was mir fehlt, ist eine Chance, das auch zu beweisen. Und ich werde nichts unversucht lassen, um diese Chance heute endlich zu kriegen, und soweit ich es einschätzen kann, läuft das bisher nicht schlecht. Jetzt muss nur erst mal die passende Antwort auf ihre Frage her. Warum ich keine Freundin habe?

»Na ja«, sage ich. »Bis jetzt habe ich einfach noch nicht die Richtige kennengelernt. Eine, die es wirklich ernst meint, meine ich. Eine, mit der man eine richtige Beziehung haben kann, wo sich alles langsam entwickelt und immer besser wird. Die meisten sind doch nur auf Party und den schnellen Spaß aus, das ist mir alles zu oberflächlich. Mit jemandem zusammen zu sein sollte doch irgendwie mehr bedeuten, als miteinander zu schlafen, das hat doch mit Liebe nichts zu tun. Weißt du, was ich meine?«

So, das sollte gesessen haben. Es geht mir nicht um Sex, ich bin nur an inneren Werten interessiert. Darauf stehen Mädels, hab ich im Internet gelesen, in irgendeinem Frauenforum. Was tut man nicht alles, um endlich einen Treffer zu landen.

»Ja, ich weiß genau, was du meinst«, seufzt Sina neben mir. »Mit mir hat es auch noch nie einer ernst gemeint. Und der Sex war auch meistens scheiße.«

Dann solltest du es vielleicht mal mit jemandem probieren, der sich damit auskennt. Okay, bis jetzt zwar nur theoretisch, aber ich weiß alles, was es diesbezüglich zu wissen gibt, Stellungen, Praktiken, was immer du brauchst, das kriegst du von mir, garantiert! Du musst es nur sagen, Baby! Aber möglichst heute noch, bitte. Oder wäre jetzt langsam mal der richtige Zeitpunkt für einen kleinen Vorstoß meinerseits?

»Tja«, sage ich und grinse sie an. »Vielleicht sollten wir uns zusammentun, damit wäre uns beiden geholfen.«

Ich lache laut, um ihr die Möglichkeit zu lassen, das nicht ernst zu nehmen.

»Genau«, erwidert sie und lacht ebenfalls. »Wir scheinen ja perfekt zusammenzupassen, bei uns läuft alles schief.«

Sie kichert noch ein bisschen weiter und greift dann nach ihrem Becher.

»Sag mal, ist hier überhaupt Alkohol drin?«, fragt sie nach einem Schluck und betrachtet skeptisch den Becher. »Ich schmeck überhaupt nichts.«

Oh, Mist. Anscheinend habe ich tatsächlich die Becher verwechselt.

»Hier, probier mal«, sage ich und halte ihr meinen Becher hin. »Hab eigentlich in beide gleich viel reingemacht.«

Sie nimmt einen kleinen Schluck und spült ihn demonstrativ mit kritischem Blick ein paarmal in ihrem Mund hin und her, bevor sie ihn runterschluckt.

»Nö«, sagt sie schließlich. »Kein Unterschied. Aber vielleicht ist meine Zunge auch schon taub von dem vielen Wodka. Das muss ich gleich mal überprüfen.«

Sie richtet sich auf, stellt ihren Becher ab, schwingt ihr linkes Bein über meine Beine und nimmt mit dem Gesicht zu mir auf meinem Schoß Platz. Dann legt sie beide Hände an meinen Hals, zieht meinen Kopf zu sich heran und schiebt ihre Zunge in meinen Mund. Aber hallo! Damit habe ich jetzt so schnell und direkt aber nicht gerechnet. Um überrascht zu sein, bleibt mir kaum Zeit, sie küsst sensationell gut und ich habe Mühe mitzuhalten. Als sie sich von mir löst, herrscht in meiner Hose akuter Platzmangel.

»Nein«, sagt sie und lächelt mich an. »Mit meiner Zunge ist offenbar alles okay. Oder wie siehst du das?«

»Ich ...«

Weiter komme ich nicht, denn sie verschließt meinen Mund erneut mit ihren Lippen. Verdammt, ist das geil! Ich lege meine Hände auf ihre Hüften und streichle zaghaft langsam aufwärts. Oh, Mann, das fühlt sich verdammt gut an, mehr davon! Ob ich jetzt schon unter ihr T-Shirt gehen soll? Nein, lieber nicht, ich lasse sie erst mal das Tempo bestimmen. Wobei da schon ein kleines Stück Haut freiliegt. Ich streife es wie unabsichtlich, sie beschwert sich nicht. Gerade als ich etwas mutiger werden will, löst sie sich wieder von mir. Sie atmet schwer und blickt mir erregt herausfordernd in die Augen.

»Ich glaube, das mit dem Sichzusammentun ist gar keine so schlechte Idee«, sagt sie und streicht zärtlich über meine Brust. »Oder was meinst du?«

Was ich meine? Lass uns endlich ficken, Baby! Das meine ich! Aber selbst wenn ich das aussprechen wollen würde – was selbstverständlich nicht so ist, sonst würde ich mir diese Chance am Ende doch noch versauen –, mein Sprachzentrum scheint komplett in die Mitte meines Körpers gerutscht zu sein, ich bin unfähig, überhaupt ein Wort herauszubringen, also nicke ich nur grinsend.

»Sehr schön«, grinst sie zurück. »Los, komm mit.«

Sie steigt von meinem Schoß, zieht mich an einer Hand hoch und dann aus dem Zimmer.

Komisch, sie scheint überhaupt nicht mehr betrunken zu sein. Bei mir hingegen dreht sich alles. Gleich. Gleich ist es endlich so weit. Dann bin ich keine Jungfrau mehr. Ich werde endlich ficken, so richtig ficken. Oh, Mann, das wird sowas von geil!

Wir schieben uns Hand in Hand durch einen überfüllten Flur. Sina öffnet eine Tür und schließt sie sofort wieder.

»Mist, besetzt«, sagt sie und zieht mich weiter.

Oh, nein! Bitte, lieber Gott, lass das jetzt nicht daran scheitern, dass wir kein ruhiges Plätzchen finden! Es muss auch kein Bett sein! Eine Besenkammer reicht mir vollkommen! Das geht ja schließlich auch prima im Stehen, habe ich oft genug gesehen.

Wir kommen an eine Treppe, auf deren unterster Stufe ein Pärchen wild und hemmungslos rumknutscht. Seine Hand steckt unter ihrem T-Shirt, ihre Hand schiebt sich gerade in seine Jeans. Genau das will ich auch, und zwar sofort! Sina steigt über die beiden, ich folge ihr. Oben angekommen biegt Sina nach links ab, wieder ein Flur. Mein Gott, wie groß ist diese Hütte eigentlich? Kenne ich den Kerl, der die Party macht, überhaupt? Ich glaube nicht. Ist vielleicht auch besser so. Und eigentlich scheißegal, es gibt gerade Wichtigeres, viel Wichtigeres.

Sina öffnet wieder eine Tür, dreht sich zu mir um, grinst breit und zieht mich hinein. Sie schaltet das Licht an und dimmt es sofort auf ein sanftes Schimmern herunter. Wir befinden uns in einem großen Zimmer mit einem riesigen Bett, vermutlich das Elternschlafzimmer. Na, die werden sich freuen, wenn sie nach Hause kommen.

Sina bugsiert mich Richtung Bett und gibt mir einen Schubs, sodass ich rücklings quer darauf falle. Sie klettert auf meinen Schoß und küsst mich. Dann richtet sie sich auf und zieht ihr T-Shirt aus. Ihr BH fällt als Nächstes. Wie erwartet, ihre Titten könnten gern größer sein, aber sie haben eine perfekte Form, damit kann ich absolut leben. Ob ich sie jetzt schon anfassen darf?

»Soll ich hier etwa alles allein machen?«, fragt Sina und zerrt neckisch an meinem T-Shirt. »Los, ausziehen!«

Ich versuche blitzartig ihrem Befehl zu folgen und aus meinem T-Shirt zu schlüpfen, verheddere mich aber irgendwie dabei und bleibe mit dem Kopf stecken.

»Du machst das aber nicht zum ersten Mal, oder?«, sagt Sina lachend und hilft mir.

»Quatsch!«, erwidere ich bestimmt. »Bin nur ein bisschen aus der Übung.«

»Na, daran können wir ganz schnell was ändern«, sagt sie und küsst mich lang und fordernd.

Ich erwidere ihren Kuss drängend, unsere Zungen ringen gierig miteinander, ihre Hände gleiten über meinen Oberkörper, meine Brust, meinen Bauch, ich platze gleich vor Erregung.

Als sie sich wieder aufrichtet, nimmt sie meine Hände und legt sie auf ihre Titten. Na endlich, wurde auch Zeit. Hey, das fühlt sich echt klasse an. Bis jetzt hatte ich immer noch Stoff dazwischen. So, dann wollen wir mal. Da muss ich jetzt dran rumkneten, dann wird sie total scharf, ist in den Pornos auch immer so. Also los, kneten. Immer abwechselnd, links und rechts.

»Au!«, quietscht sie plötzlich auf. »Was soll *das* denn werden? Willst du mich melken, oder was?«

Oh, Mist, das war dann wohl etwas zu fest.

»Öh ... 'tschuldigung«, sage ich, weil mir nichts Besseres einfällt.

»Bist anscheinend echt aus der Übung«, sagt sie, steigt

von mir herunter, legt sich neben mich und fängt an, mich am Hals zu küssen.

Ihre Lippen wandern weiter nach unten, ihre Zunge streicht zwischendurch sanft über meinen Oberkörper, ein verdammt schönes und aufregendes Gefühl. Als sie auf Höhe meines Bauchnabels ist, hört sie auf und öffnet die Schnalle meines Gürtels. Okay, alles klar, ich weiß genau, was jetzt kommt – jetzt wird geblasen! Mann, davon träum ich schon ewig und gleich ist es endlich so weit! Vor lauter Aufregung wage ich kaum, mich zu bewegen.

Sie zerrt an meiner Hose, erst leicht, dann kräftiger, bis sie es geschafft hat – die Unterhose ist zum Glück gleich mit runtergerutscht. Sie schlüpft aus ihrer Jeans und dem Slip und krabbelt von unten auf allen vieren langsam an mir nach oben. Ein verheißungsvolles Lächeln umspielt ihre Lippen. Ich schließe erwartungsvoll die Augen, bis zum Zerreißen gespannt, wie sich das gleich anfühlen wird. Ich spüre ihre Lippen – auf meinem Mund? Hey, Moment mal, da gehören sie jetzt doch gar nicht hin, so haben wir aber nicht gewettet! Sie küsst mich weiter und macht nicht die geringsten Anstalten, ihren Kopf südwärts zu bewegen. Verdammt, was stimmt denn mit der nicht?! Das machen doch alle, ich habe noch keinen Porno ohne Blasen gesehen! Menno. Aber vielleicht wartet sie ja darauf, dass ich es zuerst mache? Die orale Reihenfolge ist in den Pornos leider nicht klar festgelegt. Na gut, dann wollen wir mal nicht so sein, dann fange ich eben an. Dafür muss ich allerdings erst mal dahinkommen. Aber wie? In den Pornos ist da meistens ein Schnitt, das wäre jetzt sehr praktisch.

Wir küssen uns immer noch, ich greife mit beiden Händen ihre Schultern, hole Schwung und wälze uns nach links

106

um, was auch ganz gut klappt – bis ihr Kopf an das hölzerne Kopfende des Betts knallt.

»Au!«, beschwert sie sich. »Pass doch auf!«

»Sorry! Keine Absicht!«, sage ich schnell.

»Na, das wär ja auch noch schöner!«, brummt sie.

Komisch, in Pornos passiert so was nie. Egal, Hauptsache, ich liege jetzt oben und kann loslegen. Ich rutsche nach unten, bis mein Kopf sich zwischen ihren Beinen befindet. Aha, so sieht das hier also aus. Ich meine, ich habe das natürlich schon tausendmal gesehen, nur noch nie in echt. Sieht schon irgendwie seltsam aus. Muss ich das jetzt echt machen? Scheint ja irgendwie dazuzugehören. Wie war das noch gleich? Zunge ganz weit rausstrecken und los geht's. Zuerst so ein bisschen außen rum und dann ... Hey, Moment mal, was soll das denn jetzt?! Sie hat plötzlich ihre Schenkel kräftig zusammengezogen und quetscht meinen Kopf damit ein. Ihr Unterkörper zuckt heftig hin und her, und obwohl ihre Oberschenkel wie ein Schraubstock meine Ohren einquetschen, kann ich dumpf hören, wie sie ... lacht. Sie quiekt und lacht laut, während sie dabei ist, langsam, aber sicher meinen Kopf abzureißen. Das ist nun nicht gerade die Reaktion, die ich erwartet habe. In den Pornos läuft das irgendwie anders.

Sie greift in meine Haare und befreit meinen Kopf aus seinem Gefängnis.

»Was soll *das* denn werden?«, fragt sie lachend. »Ein Ameisenbär auf Futtersuche?«

Mrmpf. Sehr witzig.

»Ich ... Ich dachte, das macht man so«, sage ich.

»Wer hat dir *das* denn erzählt?«, erwidert sie immer noch lachend. »Wenn du das bei deinen Exen auch abgezogen hast, ist es kein Wunder, dass du solo bist.«

»Wieso, was hab ich denn falsch gemacht?«, will ich wissen.

»So ziemlich alles«, antwortet sie.

Ach ja? Blöde Kuh, blöde. Die hat ja wohl offensichtlich überhaupt keine Ahnung. Okay, vielleicht muss ich noch ein bisschen an der Technik feilen, aber *alles* habe ich mit Sicherheit nicht falsch gemacht. Wahrscheinlich weiß sie selbst nicht, wie das richtig geht, woher auch? Mädchen gucken ja keine Pornos, selbst dran schuld. Aber so schnell gebe ich mich nicht geschlagen, das kriege ich schon noch hin!

Ich senke meinen Kopf wieder, aber sie zieht ihn sofort zurück nach oben.

»Komm, lass mal«, sagt sie. »Das hat doch keinen Sinn. Probier's lieber hiermit.«

Sie greift nach ihrer Jeans, zieht ein Kondom aus einer Tasche und wirft es mir zu. Oh, stimmt, Verhütung, das hätte ich jetzt komplett vergessen. Wobei ich natürlich selbst Kondome dabeihabe, fünf Stück sogar, falls sie nicht genug von mir kriegt.

Mit Kondomen kenne ich mich aus, das habe ich tatsächlich schon tausendmal geübt, das geht ruck, zuck bei mir. Ich reiße die Packung auf und ziehe den labbrigen Gummiring heraus. Mann, jetzt geht's also wirklich los! Ein paar Sekunden noch und ich bin endlich, endlich keine verdammte Jungfrau mehr! Meine Finger zittern leicht, als ich versuche, das Kondom über mein Ding nach unten zu rollen. Ganz ruhig bleiben, Simon. Kein Grund zur Aufregung. Du hast das doch drauf, gar kein Problem. Oh, nein, was ist das denn?! Sehr weit lässt sich das Kondom nicht abrollen – mein bestes Stück hat plötzlich den Rückzug angetreten. Hallo?! Was soll *das* denn jetzt auf einmal?! Willst du mich verarschen, oder was?! Für wen mache ich denn das alles hier?! Das ist doch genau das, was du immer wolltest! Und jetzt, wo wir fast am Ziel sind, kneifst du plötzlich?! Ich fasse es nicht! Reiß dich gefälligst zusammen! Wir ziehen das jetzt durch, okay?! Und zwar zackig, bevor es gar nicht mehr geht!

Ich schiebe mich zwischen ihre Beine. Sie lächelt mich an. Vielleicht hilft ja noch ein bisschen knutschen? Wir küssen uns. Ihr Becken drängt meinem entgegen. Okay, jetzt oder nie! Verdammt, wo geht's denn da rein? Ah ja, das müsste es sein. Mist, das ist gar nicht so leicht. Dabei sieht das in den Pornos immer so einfach aus. Egal, konzentrier dich, Simon! Ja, das müsste es sein. Achtung, auf drei wird Geschichte geschrieben! Eins, zwei … drei! Yes, geschafft! Ich bin keine Jungfrau mehr! Wahnsinn! Wobei ich mir das schon irgendwie sensationeller vorgestellt hatte. Wo bleibt das Feuerwerk, das Adrenalin, die Ekstase? Ach, stimmt, ich bin ja noch gar nicht fertig. Ich schließe die Augen und fange an meine Hüfte auf und ab zu bewegen, erst langsam, dann immer schneller. Okay, das ist nicht schlecht, aber das hatte ich mir auch irgendwie aufregender vorgestellt. Irgendetwas fehlt. Der Ton fehlt. Genau, das ist es. In den Pornos stöhnen die Mädels immer wie verrückt. Hier herrscht aber gerade Totenstille unter mir. Verdammt, was ist da denn los? Ob ich vielleicht mal die Stellung wechseln sollte?

»Simon?«

Ah, da ist ja der Ton wieder. Aber das geht bestimmt auch lauter, oder? Los, schrei meinen Namen, Baby! Ich erhöhe die Stoßfrequenz.

»Simon!«

Okay, das war zwar lauter, aber so richtig ekstatisch klang das nicht gerade. Das hörte sich eher so an wie meine Mutter, wenn ich mal wieder etwas ausgefressen habe. Oh, nein! Jetzt bloß nicht an meine Mutter denken! Konzentrier dich, Simon! Mach weiter!

»Simon, verdammt!«, brüllt Sina mich unmissverständlich nicht erotisch an.

Ich höre auf, meine Hüfte zu bewegen, öffne die Augen und schaue auf sie herab. Es ist kein zufriedenes Lächeln, das mir dort entgegenblickt.

»Du bist nicht drin«, sagt Sina mit genervt verdrehten Augen.

Wie bitte, was?! Das hat sie jetzt nicht gerade gesagt, oder? Ich starre sie fassungslos an.

»Keine Ahnung, was du da veranstaltest«, sagt sie. »Aber du bist jedenfalls nicht drin.«

Verfluchte Scheiße! Ich war gar nicht drin! Wie kann man nur so dämlich sein?! Okay, das war's dann. Peinlicher geht's ja wohl nicht. Mein kompletter Körper verliert jede Spannkraft und sackt geschlagen auf ihr zusammen.

Unfassbar, oder? Ich habe die einzige Chance, die ich hatte, versaut. Eine zweite kriege ich mit Sicherheit nicht mehr. Sobald das die Runde macht, kann ich mich quasi gleich aufhängen. Und es wird die Runde machen, todsicher. Sina wird es irgendeiner Freundin erzählen, die es drei anderen erzählt, von denen es eine dann ihrem Bruder erzählt, und schon weiß es die ganze Schule. Die Jungs werden mich mobben bis zum Anschlag und von den Mädels wird mich mit Sicherheit keine einzige auch nur annähernd jemals ranlassen. Ich bin tot. Und was noch schlimmer ist: Ich bin tot und immer noch Jungfrau.

Seufzend rolle ich mich von Sina herunter und bleibe mit dem Rücken zu ihr auf der Seite liegen. Ich kann ihr nicht ins

Gesicht sehen, dazu ist die Schmach zu groß. Was sie wohl jetzt von mir denkt? Wahrscheinlich überlegt sie gerade, wem sie diese Peinlichkeit zuerst erzählen soll.

Ich spüre, wie sie sich meinem Rücken zudreht. Eine Hand streichelt sanft über meinen Kopf.

»Alles okay bei dir?«, fragt sie leise.

Nein, verdammt. Überhaupt nichts ist okay. So scheiße habe ich mich noch nie in meinem Leben gefühlt.

Sie rückt näher an mich heran und küsst sanft meinen Hals.

»Du hast noch nicht viel Erfahrung mit Mädchen, oder?«, fragt sie.

Offenbar nicht. Dabei dachte ich echt, ich habe es drauf. Ich habe doch versucht, alles so zu machen wie die Typen in den Pornos, und das sind schließlich Profis. Genau daran liegt es wahrscheinlich. Das sind Profis. Die machen das jeden Tag und nicht zum ersten Mal. Man kann ja schließlich auch nicht vom ständigen Formel-1-Gucken plötzlich Auto-fahren wie ein Weltmeister. Verflucht noch mal. Ich bin so ein Idiot. So ein gottverdammter, bescheuerter Vollidiot.

»Ich bin noch Jungfrau«, gebe ich kaum hörbar flüsternd zu.

Das ist jetzt nämlich auch egal, schlimmer kann es ja nicht mehr werden.

»Echt?«, sagt Sina, legt einen Arm um mich und zieht mich noch dichter an sich heran. »Das erklärt natürlich einiges.«

Sie streichelt mit einer Hand zärtlich über meinen Brust-korb.

»Aber weißt du was?«, fährt sie leise fort. »Ich finde das total süß und liebenswert.«

Wie bitte? Jetzt lügt sie mich auch noch an. Weiß ja wohl jeder, dass Mädels nur auf Jungs stehen, die es im Bett so richtig draufhaben.

»Ja, genau«, sage ich seufzend. »Verarschen kann ich mich auch allein.«

»Nein, im Ernst«, erwidert sie. »Ich wäre eigentlich auch am liebsten noch Jungfrau. Ich meine, mein erstes Mal war echt eine Katastrophe.«

»Na, schlechter als *dieses* Mal kann's ja wohl kaum gewesen sein«, brummle ich.

»Oh, doch, das war's!«, sagt sie leicht lachend. »Ich war total verkrampft und wollte es nur möglichst schnell hinter mich bringen, um endlich dazuzugehören. Ich war noch nicht mal richtig in den Typ verliebt oder so, und als es endlich vorbei war, dachte ich nur: Wie, das war's jetzt? Und was soll daran so toll sein?«

Hm, kommt mir irgendwie bekannt vor, zumindest der erste Teil. Total verkrampft, das trifft es ziemlich gut. Ich hätte allerdings nicht gedacht, dass Mädchen damit auch solche Probleme haben.

»Ja, aber ...«, sage ich zaghaft. »Aber wie hast du denn dann doch noch gelernt, wie es richtig geht?«

Wieder lacht sie leicht.

»Das kann man nicht *lernen*«, sagt sie. »So was entwickelt sich langsam. War dann mit meinem ersten richtigen Freund so. Da lernt man sich dann erst mal richtig kennen, also körperlich, meine ich. Und nach einer Weile weiß man dann, was der andere gern mag und was man alles machen kann, damit er sich wohlfühlt. Das hat nichts mit richtigen Handgriffen oder Technik zu tun, das spürt man dann automatisch.«

Na, super. Davon haben die in den Pornos aber nie etwas

gesagt. Arschlöcher. Also eins steht fest: Gleich morgen landen die Dinger allesamt in der Tonne. Und wenn Marco das nächste Mal irgendeine seiner Fickgeschichten zum Besten gibt, höre ich einfach nicht hin. Ist wahrscheinlich eh das meiste erstunken und erlogen. Schon irgendwie verrückt, oder? Ich habe jetzt in den letzten fünf Minuten mehr von Sina über Mädchen und Sex erfahren als in den ganzen letzten Jahren aus Pornos, dem Internet und irgendwelchen Zeitschriften.

Ich drehe mich langsam zu ihr um, streichle vorsichtig über ihr Haar und schaue sie an.

»Zeigst du es mir?«, frage ich zögerlich. »Zeigst du mir ganz langsam, was du gern magst und was ich alles machen kann, damit du dich wohlfühlst?«

»Das kommt ganz drauf an«, antwortet sie.

»Worauf?«, hake ich nach.

»Darauf, ob du nur mit mir hier hochgekommen bist, um endlich deine Jungfräulichkeit loszuwerden, oder ob du mich wirklich magst?«

Oha. Absolut berechtigte Frage, die habe ich wohl verdient. So wie sie eine ehrliche Antwort verdient hat – angelogen habe ich sie schließlich mehr als genug heute Abend.

»Beides«, sage ich. »Zuerst wollte ich nur meine Jungfräulichkeit loswerden, egal mit wem. Aber jetzt gibt es kein Mädchen auf der ganzen Welt, das ich mehr mag als dich. Die Entscheidung, was mehr zählt, liegt bei dir.«

Und ich hätte es absolut verdient und dürfte mich nicht beschweren, wenn sie mich, ohne zu zögern, sofort in die Wüste schickt.

Sie sieht mich für eine gefühlte Ewigkeit mehr als skeptisch an.

»Okay«, sagt sie schließlich und küsst mich sanft. »Ich werde dir zeigen, was ich gern mag. Weil ich *dich* mag.«

Wir küssen uns und es fühlt sich verdammt gut und wunderschön und einzigartig an. Meine Hände gleiten über ihren Körper, ich streichle sanft ihre Brüste, sie reckt sich mir wohlig seufzend entgegen. Wahnsinn. Das ist viel besser, als einfach nur auf Teufel komm raus seine Jungfräulichkeit wegzuficken. Und viel echter und wahrhaftiger als Porno.

FENSTER

»Wo warste denn gestern noch?«, fragt der Dicke und setzt sein Bier ab.

Der andere grinst. Der Dicke stößt ihn in die Rippen. »Nee, ne?«

»Was?«

»Die Kleine?«

Er zuckt mit den Schultern, nickt aber. Der Dicke leckt sich angebliches Bier von den Lippen. »Erzähl.«

Der andere schaut sich um, dann beugt er sich nach vorne. »Alter, ich weiß nicht, auf was die war. Aber das sollten echt alle Weiber nehmen.«

Der Dicke lacht und reibt sich das Kinn.

»Die ist abgegangen. Und alles bei voller Beleuchtung. Im Stehen, dann von hinten, bloß nicht Licht aus und bloß nicht aufs Bett.« Er schüttelt den Kopf. »Das war mal 'ne echt gut angelegte Taxifahrt.«

Der Dicke trinkt. Setzt das Glas ab, fragt: »Und? Siehste sie wieder?«

»Mal sehn«, sagt der andere und schaut auf sein Handy.

Das Treppenhaus hochgefallen, halb, irgendwann mit den Knien auf den Stufen, so liegt er vor mir. Ich seh ihn lächeln, grinsen. Durch das Fenster im Treppenhaus die Hofbeleuchtung, die nach zwei Stockwerken ausgeht. Beine, Arme, Knie und Ellenbogen, ein Schal, kurz denk ich, dass ich mein Fahrrad vergessen habe, dann weiter die Stufen hoch, er lacht, ich küsse ihn kurz, zieh ihn an meinen Lippen nach oben. »Nur noch ein Stockwerk«, sag ich leise. Er greift sich ans Herz, theatralisch, hangelt sich die letzten Stufen am Geländer nach oben, lässt sich kurz vor der Tür auf den Boden fallen.

Ich hole den Schlüssel raus, gegenüber in der Wohnung geht das Flurlicht an. Unser Nachbar schiebt sich von innen vor den Türspion und kann nichts sehen, kann von innen nicht das Licht im Treppenhaus anschalten, müsste schon seine eigene Tür aufmachen.

Die Tür aufschließen, die Tür aufdrücken, ihn nach drinnen zerren, die Tür zumachen.

Schau mich an.

E.Rick	(21.34)	*da, kannst du mich sehen?*
LOLa	(21.34)	da sind drei mit licht. welches?
E.Rick	(21.34)	*warte ...*
LOLa	(21.42)	hallo?
E.Rick	(21.43)	*eine hälfte ist jetzt rot, guck mal.*
LOLa	(21.45)	hey! ich seh dich!
E.Rick	(21.50)	*ich kann dich winken sehen!*

Er hält seinen Zeigefinger an den Mund und schaut mich fragend an. Ich mach das Licht an. »Nee«, sag ich, »keiner da. Kommt auch so schnell keiner.«

Er schiebt sich die Schuhe von den Füßen, zieht die Jacke aus, sieht sich nach einer Garderobe um, drei Gänge runtergeschaltet. Ich gehe in die Küche, nehme im Vorbeigehen seinen Rucksack und ziehe die Weinflasche raus. Nachdem ich das Plastik abgefiddelt habe, sehe ich, dass ich den Korkenzieher nicht brauche. »Ganz exquisiter Tropfen«, sagt er hinter mir.

Wird schon gehen, denk ich. Wird schon gehen.

LOLa	(18.10)	du fragst nie, ob wir uns mal treffen können
	(18.12)	ok
	(18.13)	wie war dein tag?
E.Rick	(18.14)	*was ist mit dem typen von letztens? hat der sich noch mal gemeldet?*
LOLa	(18.15)	ja, aber ist egal.
E.Rick	(18.16)	*na komm, erzähl.*
LOLa	(18.17)	hast du kein eigenes leben?
	(18.19)	hallo?
	(18.20)	wie war dein tag?
E.Rick	(18.22)	*wie immer. Ich hab kein eigenes Leben. Gib mir ein bisschen was ab von deinem.*

»Brauchst du ein Glas?«

Er zieht mich an sich, ich lass mich kurz küssen, setze dann die Flasche an, trinke.

E.Rick	(22.10)	*hast du einen freund?*
LOLa	(22.14)	definiere freund.
E.Rick	(22.16)	*du weißt ganz genau was ich mein*
LOLa	(22.17)	halb
E.Rick	(22.18)	*wie halb?*
LOLa	(22.19)	ach
	(22.21)	da ist jemand

E.Rick   (22.22)   *na los, erzähl*

»Wowowowowoow«, sagt er. »Lass mir noch was übrig.«
   Ich wische mir über die Lippen. Er trinkt, dann küsst er
mich wieder und schiebt eine Hand unter mein Shirt. »Kalt«,
sag ich. »Wird gleich«, sagt er, küsst mir am Hals rum, ich
nehm noch einen Schluck, als er das merkt, schaut er mich
an. »Damit mir warm wird«, sag ich.
   »Dir wird schon noch warm.«

LOLa   (23.04)   ich hab da gestern eine frau bei dir gesehen.
E.Rick   (23.07)   *aha, du spionierst mir nach!*
LOLa   (23.10)   ist das deine freundin?
E.Rick   (23.11)   *nein*
LOLa   (23.12)   was anderes?
E.Rick   (23.12)   *ja.*
LOLa   (23.13)   und was?
E.Rick   (23.15)   *was soll sie denn sein?*
LOLa   (23.18)   eine garstige cousine, mit der du dich un-
                   terhalten musst, während eure eltern in der
                   küche sitzen und über die familiengräber
                   reden.
         (23.22)   also, hab ich recht?
E.Rick   (23.24)   *ja. so ungefähr.*
         (23.38)   *wieso bist du nachts eigentlich immer online?*
LOLa   (23.39)   und wieso du?
E.Rick   (23.39)   *ich hab zuerst gefragt*
LOLa   (23.40)   ich schlaf so schlecht.
E.Rick   (23.40)   *und deine eltern?*
LOLa   (23.41)   die schlafen gut. und deine? schicken die
                   dich nicht um 10 ins bett?

E.Rick	(23.45)	*wohn nicht bei meinen eltern.*
LOLa	(23.45)	WG?
E.Rick	(23.45)	*ja*
LOLa	(23.46)	aber du bist doch so alt wie ich.
E.Rick	(23.47)	*ich bin sehr reif für mein alter.*

»Kannste nicht ein bisschen romantisches Licht machen?«, sagt er.

»Wieso romantisch?«

»Halt nicht so 'ne Festbeleuchtung.«

»Ich mag's hell. Wieso, haste Angst, dass uns jemand zuschaut, oder was? Guck, kann keiner reingucken. Und wenn, dann müsste er's schon echt drauf anlegen. Schau«, sag ich, und zieh ihn zum Fenster, »Siehst du, wie weit das nächste Haus weg ist?«

»Du hast aber ganz schön viele Fenster.«

»Schh«, sag ich. »Und wennschon. Wer was sieht, kann sich vielleicht was von dir abgucken. Was lernen.«

LOLa	(19.22)	ich seh dich nicht mal auf der straße.
E.Rick	(19.23)	*vielleicht guckst du nicht genau genug.*
LOLa	(19.24)	würdest du mich nicht ansprechen, wenn du mich siehst?
E.Rick	(19.24)	*nein*
LOLa	(19.25)	wieso nicht?
	(19.27)	sag!
	(19.30)	wieso nicht!
E.Rick	(19.32)	*vielleicht siehst du wirklich nicht richtig. mach mal einen termin mit deinem augenarzt aus.*
LOLa	(19.33)	haha, witzig
E.Rick	(19.33)	*:)*

LOLa   (19.34) was ist mit jetzt?
E.Rick   *(19.34) ?*
LOLa   (19.36) wir können uns jetzt treffen. ich geh nach
                  unten und stell mich vor deine haustür. und
                  dann kommst du und wir gehen eine runde
                  um den block. nur so, ganz unverbindlich.
          (19.39) nicht ausloggen!
E.Rick   *(19.40) ich logge mich nicht aus.*
LOLa   (19.41) also? in fünf minuten?
E.Rick   *(19.44) sorry, geht nicht. kann nicht.*
LOLa   (19.45) feigling
E.Rick   *(19.49) ja.*

Also lass ich das Licht an. Das nächste Haus ist eine Straße
und eine Brache weit weg. Es hat fünf Stockwerke und liegt
schon eine Postleitzahl weiter. Im dritten Stock ist ein Fenster
hell, das neben dem Treppenhaus. Es ist Nacht, der Vollmond
steht dick und weiß über der Brache. Als er mich zum Bett
ziehen will, halt ich ihn fest, zieh ihm seinen Pullover über
den Kopf, ziehe meinen aus, sein Shirt, mein Unterhemd, er
versucht sich an meinem BH. Er steht mit dem Rücken zum
Fenster. Ich lasse meine Hände seinen Rücken rauf- und run-
terfahren, während er sich mit dem Verschluss abmüht. Ich
schiebe ihn ein bisschen von mir und zieh den BH aus. Er
hält inne, schaut sich meine Brüste an, legt eine Hand, dann
die nächste um sie. Betrachtet seine Hände, was sie da tun,
als würde er sie nicht befehlen.

E.Rick   *(02.16) schon zähne geputzt?*
LOLa   (02.17) nö trink noch wein
E.Rick   *(02.17) fein. hätt ich jetzt auch gern*

LOLa	(02.17)	bin nach hause gekommen und hab gedacht dass ich noch nicht betrunken genug bin. soll ich dir welchen hochladen?
E.Rick	(02.18)	*meinst du die »bandbreite« reicht? :P*
LOLa	(02.18)	die bandbreite reicht bei meinem anschluss so was von!
	(02.21)	danke dass du online bist
E.Rick	(02.21)	*so lüften und zähne putzen. bin aber da*
LOLa	(02.21)	dankedanke
E.Rick	(02.23)	*kurz zahnbürste setuppen*
LOLa	(02.24)	so schade, dass du gleich ins bett gehst
E.Rick	(02.26)	*schlafen. Hihi.*
LOLa	(02.26)	jetzt sofort?
E.Rick	(02.26)	*ich nehm das ding noch nen moment mit in die koje*
LOLa	(02.27)	und jetzt musst du noch schreiben was du trägst
	(02.27)	und ja, das ist mein ernst
E.Rick	(02.28)	*sag ich dir, wenn ich mich ausgezogen habe moment*
LOLa	(02.28)	mein freitagabend war nicht so, wie ich ihn mir vorgestellt habe, das musst du jetzt ausbaden.
	(02.28)	*ich bin leider noch in voller montur. aber:*
	(02.28)	*rote wollmütze!*
	(02.29)	*sexy, was?*
E.Rick	(02.30)	*hamma.*
	(02.30)	*was war denn los??*
LOLa	(02.30)	war aus, mit den ladys. und dann ein anruf in abwesenheit und dann blöde smse.
	(02.31)	und dann egal

	(02.31)	*so*
E.Rick	*(02.31)*	*penner*
LOLa	(02.31)	genau das!
E.Rick	*(02.31)*	*ihr seid so scheiße hässlich*
	(02.31)	*wichser*
LOLa	(02.31)	du sprichst mir aus der seele
	(02.31)	aber egal
E.Rick	*(02.32)*	*und ihr stinkt*
LOLa	(02.32)	ganz groß der herr!
E.Rick	*(02.32)*	*ich dachte wir liefern uns jetzt einen misanth-ropie battle*
LOLa	(02.33)	was ist eigentlich aus der frau geworden, mit der ich dich letztens gesehen habe?
E.Rick	*(02.33)*	*thema abgelehnt*
LOLa	(02.33)	ok

Er hat so einen Gürtel mit einer Schnalle, die man anheben muss. Er nimmt meine Hand und legt sie auf seinen Reißverschluss. »Hilf mir mal«, sag ich. Er macht den Gürtel auf, den Knopf, ich zieh am Reißverschluss. »Und jetzt du«, sagt er und fummelt an der Knopfleiste meiner Jeans rum. Ich schieb seine Finger weg, mache die Knöpfe auf, wir steigen aus den Hosen, aus den Socken. »Magst du Musik hören?«, frag ich.

»Weiß nicht. Du?«

Ich zucke mit den Schultern.

Er geht zur Anlage, macht sie an, scrollt durch den iPod, klickt was an. Das geht. Ich schau mich nach der Weinflasche um, meine Füße werden kalt, die unter uns heizen mal wieder nicht. Arschlöcher. Er dreht sich um, grinst mich an. »Ist okay?«

Was meint er? Ach, die Musik. »Ja. Sag mal, wo ist denn der Wein?«

»Wieso?«

»Ich hab Durst.«

Er schaut sich um. Plötzlich sieht er aus wie vierzehn. Ich brauch Wein.

LOLa	(02.34)	was trägst du jetzt? oder: was trägst du jetzt nicht?
E.Rick	*(02.34)*	*ich trage nicht einen pinken rolli mit verwaschenem highschoolaufdruck*
	(02.35)	*und dazu keine schürze*
LOLa	(02.35)	und?
E.Rick	*(02.35)*	*und du?*
LOLa	(02.35)	ich trage keinen rock
E.Rick	*(02.35)*	*da haben wir zufälligerweise das gleiche nicht an*
LOLa	(02.36)	keine jacke, keine socken
	(02.36)	aber: ein lächeln
E.Rick	*(02.37)*	*lächeln ist doch gut*
	(02.37)	*voll aussa mode. aber zeitlos. muss man erstmal tragen können*
LOLa	(02.39)	und du?
	(02.39)	boxershorts und schlechte gedanken?
E.Rick	*(02.40)*	*schlechte shorts und boxergedanken. aber ja.*
LOLa	(02.40)	gut das
	(02.42)	mmh
	(02.42)	und jetzt?
E.Rick	*(02.42)*	*werd ich mal schlafen. komm gut in die heia*
LOLa	(02.42)	später vielleicht. und: noch schöne gedanken vorm einschlafen.

E.Rick (02.44) dann gute nacht, bis denn ...

(02.58) und sei nicht mehr traurig. ich wünsch dir auch schöne gedanken ...

Der Wein steht hinter mir. Ich nehm einen Schluck und hör auf die Musik. Er kommt auf mich zu, will mir die Flasche abnehmen, ich schüttel den Kopf. Er greift mich an der Hüfte und zieht mich an sich ran, küsst mich, zu viel Zunge, ich dreh den Kopf, also küsst er meinen Hals entlang. Das ist gut. Ich mach die Augen zu. Er nimmt meinen Hintern in seine Hände und schiebt seine Hände unter den Slip. Sein Kopf geht weiter runter. Mein Schlüsselbein, dann meine Brüste. Erst die linke, dann die rechte, als würde er die Zeit stoppen. Ich schau nach draußen, da ist Nacht, ich sehe unser Spiegelbild.

E.Rick   (02.19) *willste nicht schlafen gehen?*
LOLa   (02.20) quatsch. die nacht ist ja noch bluuutjung!
E.Rick   (02.21) *komm, geh schlafen.*
LOLa   (02.23) magste mitkommen?
E.Rick   (02.24) *?*
LOLa   (02.25) ich bin ganz allein.
E.Rick   (02.28) *nee. ich schlaf ganz gerne in meinem eigenen bett*
LOLa   (02.29) ich kann ja zu dir kommen.
E.Rick   (02.30) *nein*
LOLa   (02.31) doch! kann ich!
E.Rick   (02.32) *hör auf.*
LOLa   (02.34) du bist doof.

(02.38) stellst du's dir nie vor?
E.Rick   (02.40) *was?*

LOLa   (02.42) wie es wäre. du und ich. zusammen. im
                 bett. nachts.

         (02.47) ich schon.

E.Rick   *(02.50) aha*

LOLa   (02.52) und du auch. tu doch nicht so.

E.Rick   *(02.58) was willst du denn jetzt von mir hören?*

LOLa   (03.01) was stellst du dir vor, wenn du's dir vor-
                 stellst. du und ich. zusammen. im bett.
                 nachts.

E.Rick   *(03.05) ich geh jetzt schlafen. geh du auch schlafen.
                 gute nacht.*

LOLa   (03.15) ich zeigs dir morgen.

E.Rick   *(03.16) was zeigst du mir?*

LOLa   (03.17) wirste schon sehen. bis morgen.

Er zieht sich wieder an. Er zieht sich an, schaut mich nicht
an, schaut nach seinen Sachen, sammelt sie ein. Sieht aus, als
würde er im Kopf eine Liste durchgehen, sie abhaken. Schuhe, Haken. Hose, Haken. Jacke, Haken. Schiebt sich eine
Hand durch die Haare, steckt sie dann in die Hosentasche,
wippt auf den Schuhsohlen. Er kann jetzt gehen. Er sagt »Ja«,
und ich weiß nicht, wozu. »Ich geh dann mal.«

   Ich nicke, er schaut mich an, und als nichts weiter passiert,
geht er aus dem Zimmer, ich hör seine Schritte bis zur Tür,
hör die Tür, Schritte, Treppe, weg. Ich bin jetzt nicht mehr
nackt. Es ist zu kalt zum Nacktsein. Ich mache das Licht aus,
der Rechner läuft noch. Es ist Viertel nach Eins.

E.Rick   *(23.56) mir ist heute was lustiges passiert. ich hab aus
                 dem fenster geschaut, und da kommt ein pizza-
                 wagen, weißte, so mit schild drauf und allem,*

parkt ein, der typ steigt aus, mit einer riesen-
pizza und geht original in den sushiladen rein
MIT PIZZA! wollte ich dir die ganze zeit erzählen. ist lustig, was?

ich hab ihn leider verpasst, als er rausgekom-
men ist. vielleicht haben die aber auch einen
hinterausgang oder wie das heißt. ich hätte das
filmen sollen.

LOLa   (01.16)   hast dus gesehen?

            (01.16)   das war für dich.

            (01.26)   sag was.

E.Rick   (01.27)   *was denn?*

LOLa   (01.28)   hast du's gesehen?

            (01.29)   ist ganz leicht, musst nur ja oder nein sa-
                      gen. kann ja auch sein, dass du gar nicht da
                      warst. vielleicht warste ja endlich mal drau-
                      ßen. also richtig. also, ja oder nein?

            (01.30)   was ist denn daran so schwer?

E.Rick   (01.31)   *ich weiß nicht, was du hören willst.*

LOLa   (01.31)   darum geht's doch gar nicht!

            (01.31)   JA ODER NEIN!

E.Rick   (01.33)   *ja.*

LOLa   (01.34)   und?

E.Rick   (01.36)   *und was?*

LOLa   (01.36)   hat's dir gefallen?

E.Rick   (01.37)   *nein.*

E.Rick   (01.44)   *aber ist doch egal, oder?*

LOLa   (01.44)   was ist egal?

E.Rick   (01.46)   *was ich denke. obs mir gefallen hat oder nicht.*
                      was geht's mich an. nichts. ich logg mich jetzt
                      aus. gute nacht.

126

Der grüne Punkt neben seinem Namen wird grau. Dann verschwindet sein Name. Ich mach den Laptop zu und schau aus dem Fenster.

Der Mond ist gewandert. Sonst kein Licht.

CHRISTOPHER KLOEBLE
EINE KURZE GESCHICHTE ÜBER DAS LIEBEN

An einem vielversprechenden Spätsommerabend feiert ein Junge Geburtstag, dessen Eltern es sich leisten können, dass er alle aus seiner Klasse eingeladen hat – wofür man dankbar sein sollte. Man ist selten zu Gast auf Partys. Aber man fühlt sich nicht dankbar, sondern sehr fünfzehnjährig. So fünfzehnjährig, wie man sich nur fühlen kann, wenn man nur noch wenige Wochen davon entfernt ist, als Jungfrau sechzehn zu werden. Allerdings besteht Hoffnung. Man sitzt auf einem Sofa neben Annette. Ihre Zähne glänzen silbern (die Zahnspange soll demnächst entfernt werden), sie ist gut in Mathematik und bewirft einen im Unterricht mit Papierkügelchen – ein gutes Zeichen, würden die Freunde sagen, wenn man welche hätte. Es ist recht eng, man berührt Annettes Hand. Bloß nicht hinsehen, denkt man, Blicke könnten sich treffen. Das wäre schön, das wäre schlimm. Berühren ist okay, fühlen ist sehr okay, aber sehen, dazu ist man noch nicht bereit.

Während der Sommerferien ist etwas mit den Mädchen geschehen. Plötzlich tragen sie in Brusthöhe runde Waffeln unter ihrer Kleidung. Sie tun, als wäre das schon immer so gewesen. In der Schule haben sie stets ein paar Bücher gegen ihre Brust gedrückt. Diese Mädchen kichern übermäßig viel, rennen mit fliegenden Pferdeschwänzen herum und behaupten, sie könnten keinen Freund *haben*, weil ihnen dann nicht genügend Zeit zum Lernen bliebe. Ein paar Tage nachdem sie einen ähnlichen Kommentar von sich gegeben haben, sieht man sie dann in der Pause einen Jungen knutschen, der schon raucht und noch vor der Oberstufe vom Gymnasium fliegen wird. Man selbst dagegen zählt zu den Jungen, die auf die Frage »Hast du eine Freundin?« mit »Im Moment nicht« antworten. Was nicht ganz der Wahrheit entspricht. Man hat nicht nur momentan keine Freundin, man hatte noch nie eine. Möchte jemand Konkreteres erfahren, so will »man nicht daran erinnert werden« oder ist es »noch zu frisch«.

Vom vielen Streicheln beginnen die Hände zu schwitzen. Also legt man die Hand auf Annettes Oberschenkel, langsam. Die anderen Jungen beobachten das und denken sich ihren Teil. Annette zieht einen nach draußen vor die Tür. Sie fragt: »Willst du mir was sagen?«

Man weiß nicht – will man? Fragt sie, um einen aus der Fassung zu bringen? Und wer hat ihr verraten, dass es einen aus der Fassung bringt? Werden solche Kniffe von Generation zu Generation überliefert? Nehmen Mütter ihre Töchter beiseite und erklären ihnen, was Jungen aus der Fassung bringt? Und wenn ja, wieso hat man kein väterliches Gegenmittel überliefert bekommen?

Moment. Vielleicht hat man das ja. Ohne dass man sich jemals zuvor in einer ähnlichen Situation befunden hätte, weiß man sofort, was Annette eigentlich hören will. Ihr Tonfall, ein schüchternes Glucksen, drückt wesentlich mehr aus als ihre Worte. *Sag mir etwas Nettes, etwas Hübsches, etwas, das mich*

nicht länger darüber nachdenken lässt, warum ich ausgerechnet
mit dir vor die Tür gegangen bin (und nicht etwa mit dem süßen
Michi), etwas Romantisches wäre nicht übel, ein Kompliment
zum Beispiel, etwas, das ich hören will, das ganz besonders. Sag
es jetzt. Hier. Sofort.

Spiel, Spaß und Schokolade, muss man denken und hofft,
dass niemand sonst zuhört, als man etwas von »wunderschönen blauen Augen, die einen verzaubern oder so« murmelt.
Es kostet einiges an Kraft, ihr dabei in die Augen zu sehen.
Als man jedoch allen Mut zusammennimmt, bemerkt man,
dass ihre Augen grasgrün sind. Davon lässt sie sich nicht aufhalten, schlingt einem die Arme um den Hals und zieht ihren
Körper nach. Die Waffeln sind überraschend fest. Sie küsst.
Der erste, feuchte, aber erste Kuss. Man schmeckt Metall. Mit
der Zunge tastet man sich am Drahtgestell ihrer Zahnspange
entlang. Man weicht mit der Nase ihrer Nase aus. Ihre Zunge ist ein flinkes, ungeduldiges Wesen. Die Münder passen
kaum aufeinander. Wer hat eigentlich das Küssen erfunden?
Was für eine unpraktische Zärtlichkeit.

Jetzt nimmt sie einen an der verschwitzten Hand: »Gehen
wir.«

»Wohin?«, fragt man und sie nickt in eine unbestimmte
Richtung: »Zu mir.«

Hat sie das wirklich gerade gesagt?, überlegt man, während man ihr folgt.

Händchen haltend spaziert man eine ausgestorbene Vor-
ortstraße entlang, bemüht, nicht zu eilen, um keinen falschen
Eindruck zu erwecken, und je mehr man sich dem Zielort
nähert, desto weiter entfernt wünscht man sich. Jungfrau zu
bleiben wäre einfacher.

Eine halbe Stunde später ist Annette im Bad und man kommt sich vor wie ausgesetzt. Durch das gekippte Fenster dringt das Schnarchen ihres Vaters aus dem Schlafzimmer neben-an. Man schließt das Fenster.

Ein bisschen stolz ist man schon. Noch nie konnte man in die Privaträume eines Mädchens, dieses innerste Heiligtum, vordringen. Hier wird es passieren. Allein bei der Vorstellung davon sagt der Körper so eindeutig Ja wie beim Genuss der Entblätterungskünste hübscher, osteuropäischer Mädchen auf dem Sportsender nach Mitternacht. Das findet man beru-higend. Zumindest darauf ist Verlass.

Ihr Zimmer ist schwach beleuchtet, nur ein paar mit Sei-dentüchern verhängte Stehlampen. Aus den dunklen Ecken und Nischen springen einen die Fragen an: Ausziehen? Und wenn ja, wie viel? Nur den obersten Hemdknopf öffnen? Oder mehr? Die Hose abstreifen? Die Socken! Wie sieht das denn aus, ohne Hemd und Hose, aber mit Socken (schmut-zigen weißen Socken, wie einem eben auffällt). Was wird Annette denken, wenn man nur in Unterhose und Socken gekleidet auf sie wartet? Dass sie einem die Socken ausziehen soll? Die riechen. Wenn man nun gerade bei der Sache ist und aufhören muss, weil sie auf die Socken deutet und die Nase rümpft? Soll man das Bett vorbereiten, die Überdecke abziehen? Die Plüschtiere, sollen die hierbleiben? Mag sie die? Will sie sich zwischen denen wälzen? Was noch? Kondo-me, Herrgott! Suchen? Hier? In ihrem Nachtkästchen? Wenn man nun ihr Tagebuch findet? Was, wenn sie einen darin als Idioten bezeichnet? Was, wenn man nur Tampons findet? Hoffentlich hat sie nicht ihre Tage, nein, halt, hoffentlich hat sie sie überhaupt schon, nicht jetzt, aber hoffentlich hat sie schon die Regel. Ist man der Erste? Wird man gut sein? Gut genug? Wird man es merken, wird man es hören? Hoffentlich wird es sonst niemand hören. Hoffentlich langweilt sie sich nicht. Sie wird gleich danach mit ihrer Freundin telefonieren, nein, sie wird währenddessen mit ihrer Freundin telefonieren. Und lachen. Und sie wird vorwurfsvoll seufzen, wenn ihre Bettwäsche etwas abkriegt. Mag sie es im Bett machen? Hoffentlich. Der Boden ist hart. Dann muss sie aber unten liegen. Man könnte auslosen, wer unten liegt. Schere, Stein, Papier – »du bist unten!« Andererseits, wenn sie doch erfahren ist, will sie, dass man den Ton angibt? Oder steht sie eher auf sensible Typen? Man ist sich nicht sicher, ob man weiß, wie das funktioniert: den Ton angeben. Spricht man dabei? Währenddessen? Sagt man, ob man es gut findet oder eher mittelmäßig oder, Gott bewahre, schlecht? »Ich finde den Sex, den wir gerade haben, eher durchschnittlich« – sagt man das? Gibt man Anweisungen? Ein paar Tipps fände man im Moment prima. Sagt man »hier« oder »mehr« oder »härter«? Oder sollte man gar nicht reden, nur deuten? Und wie deutet man? Doch nicht mit dem Zeigefinger. Und hat man die Augen geschlossen oder glotzt man sich dabei an? Und wo zum Teufel beginnt man überhaupt? Mit einem Blick, einer Berührung? Einem Lächeln?

Da ist sie. Lehnt entspannt am Türrahmen und schmunzelt. Nackt. Bis auf ihre Unterhose. Von Waffeln keine Spur. Man kann sich nicht erinnern, jemals ein Mädchen fast nackt schmunzeln gesehen zu haben. Findet man aber gut. Annettes Zahnspange glitzert wie teurer Schmuck. Lautlos kommt sie näher und hört nicht auf zu schmunzeln. Und sieht einem in die Augen, wie eine, die genau weiß, was sie will. Das wüsste man momentan auch gerne. Sie drückt einen gegen die Matratze, kichert und hört einfach nicht auf zu schmunzeln. So ein herrliches, zahnspangenglitzerndes Schmunzeln.

Hm

Das war gut, das Geräusch, man weiß nicht einmal, wer es gemacht hat, so gut war es.

Hm

Ihr Busen ist viel weicher, als man sich das vorgestellt hat. Ihn zu berühren fühlt sich an wie eine Belohnung. Man möchte aber weder grapschen noch zaghaft wirken, man möchte sie auf die genau richtige Weise anfassen. So, wie sie einen anfasst. Noch immer nicht ganz nackt legt sie sich auf einen, und nun weiß man endgültig nicht mehr, wohin mit den Händen. Man bräuchte mehr als zwei. Man berührt sie am Rücken und denkt, das ist ihr Rücken, man berührt ihre Schenkel und denkt, das sind ihre Schenkel. Und man drückt sie gegen sich und kann kaum glauben: Sie drückt dagegen.

Sie streift die Unterhose ab, und das ist schon ein unglaubliches Bild, wie die Unterhose ihr Bein entlanggleitet, das sieht so unkompliziert aus, dabei ist es doch eine bedeutende Sache. Annette knüllt sie in der Hand zusammen und wirft sie durch den Raum und meint: »Hast du eins?«

Man hat nichts. Man hätte daran denken müssen, und jetzt ist es passiert, man hat nichts, da kann man sich nicht rausreden, nur gestehen: »Nein.«

Annette setzt sich auf und klemmt eine Haarsträhne hinters Ohr, wie sie das auch macht, wenn sie eine knifflige Aufgabe in Mathematik löst. »Im Sparschwein.«

Das klingt wenig problematisch. Das Sparschwein wartet glückselig grinsend auf dem Fensterbrett. Man schraubt seinen Bauch auf und Kondome fallen heraus. Man nimmt das nächstbeste und zerreißt es mit der Verpackung. Beim zweiten ist man vorsichtiger, wie im Aufklärungsunterricht prüft man mit den Fingern, in welche Richtung man es stülpen muss, und kommt sich dabei recht professionell vor. Sogar das Überstreifen gelingt ohne Zwischenfall.

Man befindet sich nun gänzlich in der Waagrechten, bis auf den entscheidenden Teil. Annette ist Herr der Lage. Das Eindringen gelingt dank ihrer Hilfe: gezielte Handgriffe, als würde sie eine Glühbirne auswechseln. Mit Flüsterfragen (So?) und beruhigenden Antworten (So.) gelingt das Unglaubliche: Man hat nun offiziell Sex. Dass man nicht augenblicklich in Ohnmacht fällt, grenzt an ein Wunder. Der Körper verlangt nach raumgreifender Bewegung, nach fließendem Miteinander, nach festem Zupacken. Man lässt es geschehen. Erstaunen öffnet Annettes Mund, ihr Stöhnen ist ehrlich und berauschend, man möchte es in Gläser füllen, um ihm später noch einmal zu lauschen. Dass andere Haut sich so anders anfühlen kann! Annette beugt sich vor und ein Vorhang aus shampooniertem Haar fällt über einen, kapselt einen ab von der Welt. In ihren Augen findet man keine Klassenprima, kein zahnspangentragendes Schulmädchen, in ihren Augen blitzt ein freches Wissen. Sie weiß genau, was sie tut. Es ist, als wäre sie überall.

Dieser Moment ist unverschämt gut. So gut, dass es nicht lange sehr gut sein kann.

Zu gut!

Man entschuldigt sich. Annette tut das einzig Richtige und lügt, das sei doch nicht schlimm, beim ersten Mal. Woher sie Letzteres weiß, will man wissen, und sie zuckt mit den Schultern. Die Küsse danach sind Pflichtprogramm, sozusagen das Vertrösten auf ein andermal.

Das Malheur, das Unglück, geschieht bei der nächsten Bewegung. Man hätte das Gummi festhalten sollen. Nun ist es in Annette verschwunden und der Zweifel da. Kann man das Risiko eingehen? Eigentlich möchte man noch keine Kinder. Annette auch nicht. Man hilft ihr bei der Suche. Es dauert einige Schrecksekunden, bis man das verschollene Gummi findet. Wie eine tote Schabe wird es in Papier gewickelt, in den Müll geworfen.

Flink schlüpft Annette danach in ihren Bademantel, der, nebenbei bemerkt, mit Transformers in Actionposen bestickt ist, und verlässt das Zimmer. Man hört sie nebenan mit ihren Eltern sprechen und das macht einem ziemlich Angst. Sehr gerne würde man verstehen, was sie bereden. Die brummende Vaterstimme ist eines der letzten Dinge, die man jetzt vernehmen möchte. Man versucht, sich mit der Vorstellung zu arrangieren, dass man in wenigen Sekunden nackt aus dem Fenster im zweiten Stock springen wird, auf der Flucht vor einem wutentbrannten Vater. Eilig schlüpft man in die Klamotten. Als Annette zurückkehrt, sucht man gerade nach seinen Socken. (Einen Augenblick später wird man feststellen, man hat sie nie ausgezogen.) Sie hält einem die Pille danach vor die Nase. Nein, erwidert man auf ihre Frage hin, man hatte keine Ahnung, dass ihr Vater Gynäkologe ist. Ohne zu zögern, schluckt Annette die Pille und lächelt. Man soll sich keine Sorgen machen, sagt dieses Lächeln, aber die macht man sich dennoch.

Regen bleibt am Fenster hängen, draußen skizzieren Blitze Häuser, in denen niemand ahnt, was Großartiges geschehen ist. Für den Donner sorgt Annette, sie lacht und wirft sich gegen einen. Man küsst sich lange und – daran gibt es keinen Zweifel – besser. Da der Regen nicht nachlässt, legt Annette nach einer Weile ihren Bademantel ab: »Bleib doch hier.«

Man hat nichts dagegen.

NUR HIER BEI DIR

Es ist heiß, richtig schön heiß, die Sonne brennt nur so auf sie herunter. Und voll ist es auch. Die Rampe hängt schon halb unter Wasser, so viele Starter drängeln sich davor in zwei langen Reihen, vorne die Cracks mit ihren Trickskis und Wakeboards, hinten die Wasserskifahrer. Die Luft ist von Lachen und Rufen erfüllt, vom Rattern des Zugseils und vom satten Klatschen des Wassers, wenn der Nächste abspringt und aufsetzt.

»Wollen wir auch fahren?«, fragt Silja und hängt sich neben Jonna auf die Brüstung.

»Nee, zu voll.«

»Find ich auch«, sagt Silja und seufzt gelangweilt. »Wo ist denn Andre?«

»Keine Ahnung.« Jonna schirmt die Augen mit der Hand ab und guckt über den See. Noch vier Tage, dann fahren sie nach Hause. Reicht langsam auch.

Das metallene Umlaufseil der Wasserskianlage glänzt in der heißen Sonne, an fast jeder Schleppleine hängt ein Fahrer. Auch von Weitem kann man die Ungeübten von den Könnern unterscheiden, an den Klamotten sowieso – die Anfänger tragen nie Helme und Boardshorts, dafür immer diese neonfarbenen Schwimmwesten –, aber auch schon an der Körperhaltung. Amüsiert sieht Jonna zu, wie einer der Holländer wackelig auf die erste Kurve zufährt, die Ski zu weit auseinander, den Oberkörper zu weit nach vorne gebeugt, Modell Klappmesser original. Einen Moment hängt die Schleppleine durch, dann fällt er klatschend ins Wasser. Hinter ihm kommt Jojo in einem weiten Bogen angerauscht, dann das große Mädchen aus Holland, das so supergut fährt, und dahinter ein weiterer Fahrer. Fast unbeweglich steht er auf seinem Wakeboard, hält die Hantel lässig mit rechts, seine roten Shorts leuchten.

Jonna kneift die Augen zusammen. Sie kennt fast alle guten Fahrer, zumindest vom Sehen, die meisten sind Einheimische oder Holländer, selten Touristen wie Silja und sie, aber den hier hat sie noch nie gesehen. Der Typ fährt die Kurve weit aus, geht nicht mal leicht in die Knie, als die Leine sich spannt. In Jonnas Nacken fängt es sanft an zu prickeln. »Silja?«, fragt sie, ohne die Augen von dem Fahrer zu lassen. »Wer ist denn das da?«

»Wer?« Silja schirmt die Augen mit der Hand ab. »Wen meinst du?«

»Der da drüben.«

»Den mit der roten Boardshorts? Keine Ahnung. Kenn ich nicht.«

Gemeinsam sehen sie zu, wie der Boarder eine halbe Drehung macht, in einem sanften Bogen unter das Seil fährt und sich dann umdreht. Ein paar Meter fährt er rückwärts, dann springt er hoch, dreht sich erneut in der Luft und setzt fast ohne einen Spritzer wieder aufs Wasser auf.

»Der ist gut«, sagt Silja anerkennend. »Aber mir wäre der zu schmal. Wieso, findest du den gut?«

»Wen?« Jonna hat Andre gar nicht kommen hören. Aber

jetzt steht er hinter ihr, einen Tick zu dicht, wie immer, sein Board unterm Arm. Seine Haare unter dem Helm sind trocken, genauso wie seine nagelneue Prallschutzweste und die Boardshorts, obwohl sein Trickski noch tropft. Klar, die richtig Coolen werden beim Fahren nicht nass. »Wen findste gut? Die halbe Portion da?« Er deutet mit dem Kinn zu dem Typ in den roten Shorts hinüber, der jetzt an ihnen vorbeifährt, den Kurvenschwung mitnimmt und einen astreinen *air railey* hinlegt. Ein Raunen geht durch die Zuschauermenge oben auf der Tribüne und Andre spuckt auf den Boden. »Was willst du denn mit dem?«

»Geht dich doch nichts an!«, gibt Jonna zurück.

Andres Augen verengen sich. Letzte Woche hat sie mit ihm geknutscht, und vorgestern wieder, ziemlich heftig sogar, und noch etwas mehr, abends, als die Sonne so schön hinter der Bahn unterging und die anderen alle schon weg waren. Dabei hält sie ihn eigentlich für einen Angeber. Aber er sieht halt gut aus, groß und kräftig, so wie Jonna es mag. Und er küsst einfach gut.

»Ach nee, das geht mich nichts an?« Andre lacht leise, während er Jonna herausfordernd ansieht. Aber zum Glück gibt's ja Silja.

»Kennst du den?«, fragt sie neugierig. »Ist der von hier?«

Andre zieht eine Grimasse. »Nee. Der doch nicht! Der ist immer für sich, keine Ahnung, wo der her ist.«

»Also kennst du ihn doch«, stellt Silja triumphierend fest.

Andre zuckt mit den Schultern, sein Blick hängt sich wieder an Jonna.

»Aber fahren kann er«, sagt Silja lässig.

Andre schweigt einen Moment und nimmt seinen Helm ab. Die Sonne glitzert auf seinen Locken. »Ej, fahren kann ich auch«, sagt er schließlich und da hat er recht. Fahren kann er wirklich. Aber vielleicht nicht ganz so genial wie der Neue.

Jonna weicht Andres bohrendem Blick aus und guckt blinzelnd über den See. Der dicke Dominik springt lässig ab, Kevin saust über den kleinen Kicker und der Typ in den roten Shorts steigt gerade aus. Mit Schwung zischt er rüber zum Ufer, dreht sich und stoppt. Dann beugt er sich vor, um seine Bindung zu öffnen, und nimmt sich den Helm ab. Blond ist er also.

Und schmal, ja, das stimmt. Aber irgendwas hat er an sich, Jonna weiß nicht genau, was; etwas Besonderes, das auf einmal wie ein leises Summen in der Luft liegt, etwas, das über das Wasser direkt zu Jonna hinüberzufliegen scheint, ihren Nacken prickeln lässt, vielleicht kann ja nur sie das spüren und niemand sonst; auch gut, vielleicht sogar besser.

Die Sonne ist schon untergegangen, als Jonna beim Ferienhaus ankommt. Es ist das vorletzte in der Reihe, rote Klinker, rotes Dach, Parkplatz davor, Minigarten dahinter, genau wie alle anderen in der Siedlung auch. In der Küche brennt schon Licht, am Fliegengitter summen verzweifelt die Mücken. Jonnas Eltern sind im Garten, ihr Vater hat den Grill angeschmissen und legt gerade Tofuscheiben auf.

»Na, war's schön?«, fragt er betont munter. Er guckt Jonna gar nicht richtig an, so sehr ist er mit dem Tofu beschäftigt, und deshalb sieht er auch nicht, wie sie die Augen verdreht. Aber ihrer Mutter entgeht mal wieder nichts.

»Also Jonna!«

Jonnas Vater sieht hoch. »Was ist?«

»Nichts«, sagt Jonna schnell und setzt sich. »War okay. Wie immer halt.«

»Wie viel Runden bist du gefahren?«

»Weiß nicht. Ein paar«, sagt Jonna, obwohl sie nicht eine einzige Runde gedreht hat, sondern den Rest des Nachmittags nur mit Silja, Andre und den anderen am Imbiss rumgehangen hat.

Wenn sie ehrlich ist, fährt sie auch gar nicht so gern. Obwohl sie es ziemlich gut kann, jedenfalls die Basics.

»Wann ist noch mal das Wasserfest, Samstag? Fährst du da mit?« Ihr Vater stellt die Grillplatte auf den Tisch.

»Ja, Samstag. Aber da fahren nur die richtig Guten.«

»Du bist doch gut.« Ihr Vater setzt sich Jonna gegenüber und faltet seine Serviette auf. »Lasst es euch schmecken!«

»Du dir auch«, sagt Jonnas Mutter und legt sich eine winzige Tofuscheibe auf den Teller. Sie sieht schon wieder beleidigt aus, wie immer in letzter Zeit, und traurig auch. Jonna will lieber nicht drüber nachdenken, warum.

»Mahlzeit!«, sagt sie laut und nimmt sich gleich vier Scheiben auf einmal. Das Licht über der Hintertür lässt ihre Gabel aufblitzen und sofort muss Jonna wieder an den schmalen Blonden denken. Sie hat ihn heute noch ein paarmal fahren sehen und jedes Mal ist dieses Prickeln in ihrem Nacken wiedergekommen. Ob er morgen auch wieder da ist?

Plötzlich merkt sie, wie still es am Tisch geworden ist. Jonna blickt auf. Ihre Eltern sehen sich über ihre Teller hinweg an. Das Schweigen ist ätzend, wie Säure.

»Schmeckt lecker«, sagt Jonna und dann lächelt sie erst ihren Vater und dann ihre Mutter an. Beide lächeln zurück, ihr Vater entzückt, ihre Mutter vorsichtig.

Wenn das so weitergeht, ist Jonna wahrscheinlich bald ein Scheidungskind. Blöder Gedanke.

An den Blonden zu denken ist schöner.

Andre und Silja albern gerade am Ausstieg herum, als der Blonde am nächsten Tag auftaucht, und deshalb nutzt Jonna die Gelegenheit und quetscht den dicken Dominik aus. Der ist so schüchtern, dass er sich garantiert nie trauen würde, ihr nicht alles zu verraten, was er weiß. Viel ist es allerdings nicht.

»Mika heißt der«, sagt Dominik und zieht die Nase hoch. »Glaub ich. Aber wo der herkommt, weiß ich nicht. Jedenfalls kommt der schon immer in voller Montur hier an. Billigmontur«, fügt er abschätzig hinzu. Das ist Jonna auch schon aufgefallen. Die anderen tragen teures Neopren, schicke Westen und coole Marken-Boardshorts von O'Neill oder Quiksilver, aber Mikas Zeug sieht uralt aus, und ob seine Shorts eine richtige Boardshorts ist, weiß Jonna auch nicht so genau.

Dominik zieht noch mal die Nase hoch. »Fahren kann der aber«, sagt er beinahe bewundernd und sieht zu, wie Mika locker von der Rampe springt und sich noch im Flug nach hinten dreht, lässig wie nichts.

Jonna hat wieder dieses Prickeln im Nacken, und ihr Herz klopft irgendwie wild, als sie sich in den Schatten unterm Vordach verzieht. Eigentlich will sie gar nicht immer hinsehen, aber ihr Blick fliegt ständig wie von selber zu Mika, der unablässig auf dem Wasser zu finden ist. Er trainiert wie besessen, macht keine einzige Pause, und man kann richtig zusehen, wie er von Runde zu Runde besser wird.

Jonna ist nicht die Einzige, die ihn beobachtet. Die anderen haben ihn auch im Blick.

»Haben wir alles schon mal gesehen«, sagt Jojo mürrisch, als Mika einen richtig guten *front flip* hingelegt hat. Dann bückt er sich und untersucht seine neuen Bindungen, weiße, von Jobe.

Im Gegensatz zu ihm, Andre und den anderen, die ihre Show immer ganz bewusst vor der Startrampe abziehen, scheint es Mika nicht im Geringsten zu interessieren, ob ihn jemand sieht oder nicht. Er übt nur für sich selbst, *grabs*, *flips*, *rolls*, *air raileys*, sogar einen *hochie glide* probiert er, kriegt ihn aber nicht hin. Als er aus dem Wasser steigt, lacht er in sich hinein, das findet Jonna erst recht süß.

Sie sieht zu, wie er über das Ufer auf das Starthäuschen zukommt, sein Wakeboard unter den Arm geklemmt. Er geht sehr gerade und kurz vor Jonna hebt er den Kopf. Für den Bruchteil einer Sekunde spiegelt sich die Sonne in seinen Augen. Es ist, als ob Jonna in einen Blitz hineinblickt, für einen Moment ist sie geblendet, dann erst merkt sie, dass er sie ansieht.

Erschrocken lächelt sie. Er lächelt zurück, dann ist er auch schon vorbei.

»Was war das denn?«, fragt Silja, fast neidisch. Jonna zuckt mit den Schultern, dann dreht sie sich vorsichtig um. Aber er ist schon weg.

Mika.
Mika.
Nachts, in ihrem Bett oben im Dach wiederholt Jonna den Namen, fünfmal, zehnmal, noch öfter. Mika. Wie dieser eine Sänger aus England, oder? Der ist sehr dunkel. Aber Mika ist hell. Alles an Mika ist hell, seine Augen, die Haare. Als er an Jonna vorbeigegangen ist, hat sie den hellen Flaum auf seiner nur ganz leicht gebräunten Haut erkennen können. Die Muskeln seiner Oberarme sehen nicht so prall aus wie die der anderen Jungs, sondern sehniger, schmaler, auf eine Art weicher. Der ganze Mika sieht weich aus, schön weich,

samtig irgendwie. Besonders. Sie muss unbedingt mit ihm reden.

Das muss sie.

»Fahr doch mal *goofy*!«, ruft Andre und klatscht auffordernd in die Hände, aber Jonna schüttelt den Kopf und springt ab, setzt sicher aufs Wasser und lässt sich wegziehen. Am Ufer sieht sie Andre gestikulieren, dann dreht sie den Kopf weg. Das Gute am Wakeboarden ist, dass man nichts hört auf dem Wasser. Nur das Rauschen, wenn das Board die Wellen zerpflügt.

Und man sieht auch nicht alles. Aber Mika, den sieht sie, zwei Schleppleinen vor ihr. Dann nur noch eine, der Anfänger dazwischen ist in der Kurve ins Wasser gefallen.

Das Wasser rauscht lauter, die Sonne brennt heftig von oben. Es zieht in den Gelenken, als Jonna die Kurve weit ausfährt und sich dann nach hinten lehnt, langsam im Wasser versinkt und wieder auftaucht. Vor ihr nimmt Mika Anlauf und springt über den Kicker. Als er aufsetzt, beginnt er zu kanten. Die Leine spannt sich, Mikas Körper genauso. Jonna weiß, was er vorhat. Gebannt sieht sie zu, wie er noch schärfer kantet und springt. Das Board schnellt in die Luft, einen Moment scheint Mika kopfüber zu stehen, dann rauscht er wieder hinunter, kommt schräg auf und klatscht in die Wellen. Ein, zwei Sekunden lang ist er verschwunden, dann taucht er kopfschüttelnd auf.

Jonnas Herz fängt an zu schlagen, zweimal holt sie tief Luft, dann gleitet sie rüber, passt den Moment ab, lässt los. Ein paar Meter neben ihm sinkt sie ins Wasser. Mika ist noch damit beschäftigt, seine Bindungen zu lösen, schließlich hat er es geschafft, schubst das Board vor sich her und schwimmt langsam zum Ufer. Und erst dort, als er den Helm abnimmt, sieht er sie an.

»Hi«, sagt Jonna und schiebt ihr Board neben seins auf das glitschige Gras.

Mikas Gesicht ist gerötet, als er nickt, vielleicht ja bloß von der Sonne.

»Sah gut aus«, sagt Jonna.

Mika zuckt mit den Schultern, während er vorsichtig aus dem Wasser auf den sandigen Grasstreifen am Ufer steigt. »Hab den Schwerpunkt zu spät verlagert«, sagt er rau, und trotzdem, seine Stimme ist auch hell. »Aber das krieg ich schon noch hin.« Er sieht zu ihr rüber, dann streckt er die Hand aus. »Warte, ich helf dir!«

Jonna legt ihre Hand in seine. Mit einem Ruck zieht er sie hoch. Plötzlich stehen sie ganz dicht voreinander. Jonna kann den feinen Flaum auf seinen Wangen sehen, seine hellen Augen. Aus seinen Haaren perlt Wasser, rinnt langsam über sein Gesicht, bis er es sich abwischt. Dann beginnt er zu lächeln, und Jonna sieht, dass seine Zähne sehr weiß sind und sehr gleichmäßig, schnurgerade, wie aus einer Zeitschrift.

Jonna holt tief Luft, aber leise. »Kommst du von hier?«

Mika zögert, schüttelt den Kopf. »Meine Oma«, sagt er und nimmt ebenfalls sein Board hoch. »Die wohnt zwei Dörfer weiter. Ich bin über die Ferien bei ihr.«

»Und wo wohnst du sonst?«

Er hebt die Brauen, schmale, helle Brauen, fein geschwungen, fast wie bei einem Mädchen, denkt Jonna. »In der Nähe von Berlin.« Lange Wimpern hat er auch.

»Berlin? Echt? Da war ich noch nie.«

»Na ja, in Zossen wohn ich. Ist 'ne knappe Stunde entfernt. Da haben wir auch eine Bahn«, sagt er und klingt richtig stolz. Gemeinsam laufen sie nebeneinanderher zum Starthäuschen zurück, am Seeufer entlang.

»Hast du da so gut fahren gelernt?«

Er sieht sie verlegen von der Seite an und zuckt mit den Schultern. »Und wo kommst du her?«, fragt er statt einer Antwort.

»Duisburg. Aber wir sind jeden Sommer hier, in der Feriensiedlung.«

Er sieht sie forschend von der Seite an. »Findste nicht gut?«

Jetzt zuckt sie mit den Schultern. »Geht so. Ist eben immer dasselbe.«

Sie gehen langsam, ab und zu wechseln sie ihre Boards auf die andere Seite. Mika hat ein Leihboard, registriert Jonna. Aber auch ein 131er, für Leichtgewichte eben. Leicht ist er wirklich, wiegt bestimmt kaum mehr als Jonna selbst. Und seine Boardshorts ist in der Tat keine echte.

»Ich hab dich übrigens vorher noch nie hier gesehn«, sagt Jonna, als sie die dritte Kurve passieren.

Mika nickt. »Letztes Jahr war ich nur ein paarmal hier an der Bahn«, sagt er ruhig und weicht zwei kleinen Jungen aus, die kichernd an ihnen vorbeirennen. »Vorletztes Jahr auch. Aber diesmal hatte ich die Kohle endlich zusammen, für die Karte und eigene Sachen.«

»Neopren und Westen kann man sich doch leihen.«

Mika nickt wieder, ohne sie anzusehen. »Ja klar«, sagt er. Sonst nichts.

Seine Lippen sind auch schön. Schmal und hell, aber schön. Auch von der Seite.

Andre guckt wütend, als sie zurückkommt. »Was hast du

146

denn mit der halben Portion da zu quatschen?«, fragt er und verschränkt die Arme vor der Brust. Kevin und Jojo lachen blöd, weiß der Geier, warum.

Jonna wirft einen Blick zu Silja, die neugierig aussieht. Aber richtig was zu erzählen hat Jonna ja eigentlich nicht. Und deshalb schweigt sie.

Mika, Mika, Mika hat ihr zweimal beim Vorbeifahren zugelächelt. Danach hakt der Heber ihn einfach aus, wahrscheinlich mit Absicht, denn er ist ein Kumpel von Andre. Mika hat keine Chance und versinkt platschend im Wasser. Als er hochkommt, saust Jojo haarscharf an ihm vorbei, schickt ihm eine Welle über den Kopf. Mika spuckt Wasser, und Dominik, der neben Jonna steht, lacht hämisch auf.

»Der Ärmste aber auch!«, sagt Andre grinsend und guckt triumphierend zu Jonna, die sich nichts anmerken lässt. Silja steht neben ihm, ziemlich dicht sogar, eigentlich zu dicht. Aber das ist okay so. Völlig okay.

Die Sonne steht grellweiß am Himmel. Eigentlich muss Jonna ins Wasser, aber sie will nicht. Sie will einfach nur dastehen, im Schatten, und Mika ansehen, der gerade zurückkommt, vor einem Pulk kleiner Jungs. Er reiht sich ein in die Warteschlange, direkt hinter Kevin. Andre stellt sich dahinter. Jonna sieht dessen angespannte Kinnlinie, Kevins dämliches Grinsen und dazwischen Mikas schmales Gesicht. Er steht da, ohne mit jemandem zu reden, starrt konzentriert auf das Wasser hinaus, scheint im Geiste zu üben. Jonna sieht es kommen, aber sie weiß nicht, was sie dagegen machen soll.

Und so steht sie da, neben Silja an die Brüstung gelehnt, und sieht zu. Sieht zu, wie Kevin sich umdreht, sein Board unterm Arm, ein bisschen zu heftig. Die Kante rammt Mika voll in die Seite, da hilft keine Weste. Mika geht in die Knie und ringt keuchend nach Luft.

Kevin grinst höhnisch. »Entschuldigung!«, ruft er, so laut, dass alle es hören. »Das tut mir aber leid, war echt keine Absicht, Kumpel!«

»Geh weiter oder mach Platz«, sagt Andre zu Mika, der jetzt wieder hochkommt und sich die Seite hält. Das Licht hinter ihm auf dem See flimmert, eine Möwe fliegt durch die Luft, dreht suchend den Kopf. Jonna kann Mikas Gesicht sehen, seine zusammengepressten Lippen, als er sein Wakeboard fasst und zu Kevin aufschließt, der jetzt gleich dran ist. Andre beugt sich vor, taucht seinen Trickski ins Wasser, kniet sich hin und zieht die Bindung fest. Gegen den schlanken, schmächtigen Mika, der leicht gekrümmt vor ihm steht und tief durchzuatmen versucht, sieht er aus wie das reinste Muskelpaket.

Richtig gut eigentlich. Groß, kräftig, cool, so wie Jonna es mag.

Eigentlich. Sonst immer. Früher. Bis vor zwei Tagen.

Kevin fährt los, ausnahmsweise im Sitzen. Dann ist Mika dran, wartet geduldig, bis der Heber ihm mit ausdruckslosem Gesicht die Hantel zureicht. Über Mika strahlt die Sonne, wirft einen Lichtkranz um seinen Helm. Aufmerksam sieht er zum Umlaufseil, wo die Schleppleine sich nähert. Die Ampel am Mast springt auf Grün, Mika lehnt sich zurück, den Körper aufs Höchste gespannt, dann springt er ab.

Blitzschnell streckt Andre den Arm aus und reißt an Mikas Hose, lässt gleich wieder los. Und Mika stolpert. Jonna hätte das nie gedacht, aber es geht wirklich, man kann in der Luft stolpern, und genau das passiert Mika in diesem Moment. Er stolpert, strampelt und fällt, dann geht er unter und taucht prustend auf.

Ein paar von den kleinen Touristenjungs in der zweiten Reihe lachen, Dominik auch und sogar Silja, die aber gleich wieder aufhört.

»Och, bist du etwa nicht wasserfest, Kleiner?«, ruft Andre oben auf der Rampe und greift nach der Keule, die der grinsende Heber ihm reicht. »Du Mädchen du!« Und dann springt er ab, springt durch die Luft, über Mika hinweg, setzt fast ohne einen Spritzer aufs Wasser. Er juchzt laut, ballt eine Faust und saust davon.

»Du Mädchen!«, wiederholt Dominik und lacht, und da hat Jonna die Nase voll. Sie schubst ihn gegen das Trickski-regal und geht los, an den lachenden Touris vorbei, die sind blöd, alle sind blöd. Arschgeigen, blöde. Silja ruft hinter ihr her, aber das ist egal. Jonnas Wut ist so heiß wie die Sonne.

Mika Shorts ist gerissen, als er aus dem Wasser kommt, mit einer Hand hält er sie fest, mit der anderen das Board.

»Komm«, sagt Jonna und streckt die Hand aus. »Ich bring's zurück. Oder willst du noch fahren?«

Mika schüttelt den Kopf, seine Augen sind immer noch hell, als er aufblickt. Wortlos sehen sie sich an. Dann reicht er ihr das Board. »Danke, äh ...«

»Jonna.«

Er nickt. Als sie sich umdreht, sieht sie, dass er humpelt. Bestimmt einen Muskel gezerrt, das passiert schnell. Arschgeigen, blöde.

Sie knallt das Board an die Wand, das ist sonst nicht ihre Art, aber jetzt hat sie's eilig. Mika ist schon am Waldstück zwischen Seeufer und Siedlung, als sie ihn einholt. »Ziehst du dich nicht um?«

»Mach ich zu Hause.«

»Und dann?«

Mikas Lächeln ist schief. »Was dann?«, fragt er langsam.

»Was du dann machst. Wenn du dich fertig umgezogen hast?«

Er zuckt mit den Schultern. »Ich weiß nicht?« Klingt wie eine Frage. Jonna hat eine Antwort.

»Ich dachte, wir gehen vielleicht ein Eis essen oder so«, sagt sie und spürt plötzlich den Schatten, in dem sie stehen.

Mika offenbar auch, denn er hat eine Gänsehaut, sogar auf den Schultern. »Äh, ich kann nicht«, sagt er nach einem Moment. »Ich ... ich hab keine Zeit.«

»Vielleicht morgen?«, fragt Jonna. Woher sie den Mut nimmt, weiß sie jetzt auch nicht. Ist aber so. »Kommst du morgen zum Wasserfest?«

Mika zögert, schüttelt den Kopf. »Da kann man ja nicht fahren.«

»Doch, bis sieben. Danach ist die Show.«

»Mal gucken. Erst mal brauch ich 'ne neue Shorts.« Er zippt an seiner Hose, die wirklich ziemlich kaputt ist.

»Ich kann dir eine leihen«, sagt Jonna. »Ich hab bestimmt zehn.«

Mikas Zähne leuchten im Schatten. »Eine Mädchenhose, ja? Meinst du, die zieh ich an?«

Jonna lächelt zurück. Und dann sagt sie es, schnell. »Du bist echt süß.«

Mika starrt sie ungläubig an. »Was?«

»Ja«, sagt Jonna nur.

Mika starrt sie immer noch an. Sein schmales Gesicht ist plötzlich ganz ernst. Überrascht, aber auch traurig. Als hätte er Schmerzen. Tief innen. Vielleicht ist das auch so?

»Quatsch«, sagt er rau. »Ich bin nicht süß. Sondern du. Und jetzt muss ich los.«

Er will nicht, er will bestimmt nicht, fertig, Schluss aus. Aber vielleicht will er doch?

So, wie er sie angeguckt hat.

Jonna wälzt sich herum, setzt sich auf. Durchs Gaubenfenster sieht sie den Himmel, sternklar. Morgen wird's wieder schön. Ihr letzter Tag hier. Wasserfesttag. Wasserfest, wasserfest. »*Bist du etwa nicht wasserfest, Kleiner?*«

Mit Andre ist sie durch, Vollidiot, dummer. Auch wenn er gut aussieht.

Jonna legt sich wieder zurück und denkt an Mikas flaumige Wangen. Wie die sich anfühlen mögen? Vorsichtig berührt sie ihr eigenes Gesicht, streicht sich über den Hals.

Mika.

Ein bisschen erinnert er Jonna an Tobi aus ihrer Schule. Der trägt manchmal Kajal und immer gute Klamotten, ein total schräger Typ, schmal und lustig, aber dabei sehr laut. Keiner lacht so laut wie Tobi. Keiner fällt so sehr auf.

So ist Mika nicht. Gar nicht. Nur schmal. Schmal und hell. Und irgendwie sanft.

Sie dreht sich zur Seite, schlägt die Decke zur Seite. Mensch, ist ihr heiß. Langsam streift sie sich über den Bauch, weiter hinunter, zwischen die Beine. Da ist es auch heiß, sehr heiß sogar. Sie schiebt einen Finger weiter hinab, zwischen die Lippen, berührt sich ganz zart. Ein Blitz zuckt durch ihren Körper und sie drückt fester zu und fängt sanft an zu reiben.

Mika.

He, Mika. Kommst du morgen?

Er taucht nicht auf. Den ganzen Nachmittag nicht, während Jonna unterm Vordach hängt und zusieht, wie ein Boarder nach dem anderen ins Wasser springt, wie manche Anfänger gleich reinfallen und einige später, die ganze Zeit über taucht er nicht auf. Zuschauer kommen und gehen, das Seeufer füllt sich mit Kindern und Eltern und leert sich dann langsam zur Abendbrotszeit. Jonna hängt mit Silja herum, einsilbig wie selten, antwortet kaum. Andre und Dominik halten sich fern von ihr, ist ja auch besser. Jonna fühlt sich so richtig beschissen, wie sitzen gelassen. Zugesagt hat er nicht, klar. Aber trotzdem.

Um sieben wird die Seilbahn geschlossen, um die Show vorzubereiten. Die anderen fahren zum Essen nach Hause, aber Jonna bleibt da. Silja zögert einen Moment, dann bleibt sie auch.

»Jonna?«

»Ja?« Jonna guckt zu, wie die Musiker aufbauen. Die Lichter gehen an. Nicht mehr lange, dann ist es dunkel. Ihr letzter Abend, na super. Ganz toll gelaufen.

»Jonna, komm, was ist denn los? Alles wegen dem Typ da?«

Jonna zuckt mit den Schultern. »Mika heißt der. Mika.«

Silja stupst sie mit ihrer nackten Schulter an. »Komm, vergiss den. Hat doch selbst schuld, wenn der nicht auftaucht. Lass uns 'ne Pommes essen und Spaß haben, okay?«

Jonna guckt sie an. Silja. Mann, wie lange kennen sie sich jetzt eigentlich schon? Sechs Sommer. Sechs Sommer. Echt lange. »Klingt gut«, sagt sie und lächelt. Silja lächelt auch, ziemlich erleichtert. Dabei ist doch, was sie angeht, alles okay. Es geht bloß um Mika. Um Mika.

Um kurz nach acht tauchen die Musiker auf und langsam füllt sich das Seeufer wieder. Siljas Eltern mit ihrem nervigen Bruder sichern sich Plätze gleich vorne am Ufer und kurz danach stoßen Jonnas Eltern dazu. Auch Andre und die anderen tröpfeln nach und nach ein, sichtlich nervös. Bei der Show fahren nur Andre und Kevin mit und das große Mädchen aus Holland, ansonsten nur Cracks von woanders, die auch Geld dafür kriegen. Aber alle sind aufgeregt, wie kleine Jungs.

»He«, sagt Andre und hält vor ihr an. Seine Boardshorts ist neu, auch seine Weste, beides von ION, wirklich cool sieht das aus. »Und, du fährst morgen?«

Jonna nickt. Silja an ihrer Seite atmet schnell ein, hastig, gepresst. Braucht sie doch gar nicht. Jonna weiß doch Bescheid, das wird ihr gerade klar. »Ja«, sagt sie. »Aber Silja, die bleibt noch 'ne Woche.«

Andre sieht ziemlich ertappt aus, dann lächelt er, fast schon verlegen. Irgendwie süß, findet Jonna. Aber das ist vorbei, das mit Andre und ihr.

»Äh, tja«, sagt er. »Schade. Na ja.« Sein Blick fliegt zu Silja, die wegguckt. Muss sie doch gar nicht.

»Ich komm ja wieder. Meine Alten wollen doch sowieso immer hierher«, sagt Jonna und lächelt. »Weißt du was, Andre?«

Jetzt guckt er fast ängstlich.

»Ich wünsch dir viel Glück.« Jonna hebt einen Daumen. Andre lächelt, dann atmet er durch und zieht seinen Helm fest. Von der Bühne kommt jetzt ein Tusch. Die Zuschauer beginnen zu klatschen, als der Ansager zweimal ins Mikrofon bläst und sich dann räuspert.

»Gleich geht's los!«, flüstert Silja begeistert und wippt auf den Hacken. Das Publikum strömt weiter nach vorn, hin zur Bühne, wo man die beste Sicht auf den See hat. Aus den Boxen ertönt lautes Knistern, dann die Stimme des Ansagers. »Hejho!«, ruft er fröhlich. »Willkommen zum Wasserfest! Yeah!«

Jonna stößt sich von der Brüstung ab.

»Wo willst du denn hin?«, fragt Silja und guckt sofort wieder nach vorne, zur Rampe. Zu Andre.

»Ich muss mal«, sagt Jonna und schiebt sich zwischen zwei alten Typen hindurch, die neugierig die Hälse recken. Dahinter steht eine holländische Familie, dicht zusammen, Jonna kommt kaum an ihnen vorbei, ist das nervig, echt, nee. Der ganze Weg ist versperrt, überall stehen die Leute rum, glotzen und lachen, und in der Luft liegt das Knistern der Boxen und die laute Musik, die jetzt einsetzt, der Auftakt zur Show. Jonna drückt sich gequält durch die Menge, die weiter nach vorn strömt, nur sie stemmt sich dagegen, schiebt die Leute beiseite, keiner sieht sie an, alle gucken nach vorn, in die andere Richtung, und dann endlich, dann endlich ist Platz. Und vor ihr steht Mika.

Sein Lächeln ist schief. »Hallo, Jonna.«

»Hi, Mika.« Es ist das erste Mal, dass sie ihn nicht in Shorts und Weste sieht. Er trägt Jeans und irgendein T-Shirt, nicht gerade cool, aber egal. Hauptsache Mika.

Jonna starrt ihn bloß an. In ihrem Nacken ist wieder das Prickeln und die Luft ist so dick. Abendluft, sommerlich, irgendwie schwer. »Gleich fängt die Show an«, sagt sie und findet sich völlig bescheuert. Denn wen interessiert das?

Mika nickt. Seine Augen sind unglaublich hell, unglaublich schön. »Weiß ich.«

»Kommst du gerade oder gehst du?«

Mika beginnt langsam zu lächeln. »Ich geh, wenn du mitgehst«, sagt er und wartet.

Jonna steht still. Die Musiker verstummen und die Leute beginnen zu klatschen. Dann startet die Begleitmusik für Andre und Kevin und das Mädchen aus Holland. Jonna dreht sich halb um und sieht Kevin oben auf der Rampe stehen, stocksteif und gerade, und Andre dahinter. Siljas Hinterkopf kann sie auch sehen, in der Zuschauermenge, sie guckt nach oben, zu Andre. Soll sie doch ruhig.

Jonnas Blick fliegt schnell rüber zum Ufer, zu ihren Eltern, die beide dastehen, nebeneinander, aber ohne Kontakt. Wetten, ihr Vater ist total begeistert vom Mädchen aus Holland, und ein bisschen enttäuscht sicher auch, weil Jonna nicht mitmacht.

Oder er selbst.

Als Jonna sich umdreht, steht Mika immer noch da und wartet. Und wartet.

Hell. Schmal. Besonders.

»Komm«, sagt Jonna und fasst nach seiner Hand.

Der Waldboden ist weich, er duftet nach Moos und nach Sommer. Sie laufen nicht weit, nur so viel, wie es braucht.

Und sie reden nicht viel, nur so viel, wie es braucht.

»Pass auf«, flüstert Mika. »Dass du nicht stolperst.«

Aber sie stolpert nicht. Irgendwann bleibt sie stehen. Das verebbende Tageslicht fällt durch die Bäume, wirft Tupfen und Flecken, und doch ist es hell. Weil Mika da steht, Mika, so hell wie der Himmel. Hell, schmal und wach. Hell und besonders. Seine Lippen sind weich, als er sich vorbeugt. Jonna fasst seinen Nacken, den hat sie gestern gesehen, als er sich bückte, die dunkelste Stelle an seinem Körper vermutlich, von der Sonne verbrannt, dunkel und samtig. Aber sonst ist er hell.

Hell und schmal. Und so zärtlich. Und weich.

Während die Musik in nebelartigen Fetzen zu ihnen herüberschwappt und der Himmel sich langsam weiter verdunkelt, während die Zuschauer johlen und klatschen und die Sommernacht sich endgültig über sie senkt, beginnt Mika, Jonna zu lieben, und Jonna liebt ihn zurück.

Unter ihr raschelt das Laub des vergangenen Jahres, aber der Boden ist weich. Jonna schiebt sich auf Mika, spürt seine Arme, die sie umschlingen. Obwohl er so schmal ist, fühlt er sich stark an, stark und entschlossen. Und entschlossen schiebt er sie wieder von sich herunter und küsst sie. Er schmeckt gut, nach Sommer und Minze, und Jonna zuckt heftig zusammen, elektrische Strömungen, gibt's das? Das gibt es, im Sommer, im Waldstück, mit Mika.

»Mika«, flüstert sie. »Mika.« Ganz leise, ganz leise. Ihr Nacken prickelt schon wieder so seltsam, und dann legt Mika die Hand dorthin, hält sie, beruhigt sie, küsst sie von Neuem, beugt sich über sie, nimmt ihr die Sicht auf den Himmel, wird selber zum Himmel.

Mika. Besonders. Er riecht frisch, und seine Haut ist so weich, weicher als jeder Junge, den sie jemals berührt hat. Rob, ihr Erster, vorletztes Jahr, Rob hatte echt üble Bartstoppeln, es hat ständig gekratzt, wenn sie sich küssten, und vor allem, wenn er sie küsste, zwischen den Beinen, das fand Jonna nicht gerade prickelnd.

Mika aber ist weich, wunderbar weich, und er duftet und stöhnt, mit einer Stimme, so weich wie ein Kissen. Wenn Jonna die Augen öffnet, sieht sie das Glitzern in seinen Augen, aber das macht sie nicht oft. Es ist ein Rauschen in ihr, wie das Rauschen des Wassers, sie gleitet nur so dahin, aber sie ist nicht allein, Mika ist bei ihr. Mika ist bei ihr. Und er lässt sie nicht los.

Er lässt sie nicht los. Mikas Finger sind zärtlich, und geschickt sind sie auch, gleiten vorsichtig unter ihr Top, ihre Rippen entlang, in die Furche unter den Brüsten, dann weiter hinauf.

Jonna stöhnt leise und drängt sich an ihn, die Luft ist so schwer, nicht mehr wie Sommer, wie Nebel. Eine Mücke summt an ihrem Ohr, aber das ist Jonna egal. Sie reibt sich an Mika, rutscht auf seinen Schoß, setzt sich auf. Für einen Moment ist sie verwundert, hat er keinen Ständer? Das kann nicht, das kann nicht. Doch Mika ist stärker, er dreht sie halb um, schiebt sie zur Seite, hinunter, ins Laub. Seine Augen glitzern im Schatten, der sich weiter verdunkelt, als er sich über sie beugt. Er lächelt, Jonna lächelt zurück, spürt seine Finger im Bund ihrer Hose, dann in ihrem Slip. Und Jonna keucht auf, keucht an seinem Hals.

Mika findet sofort den Punkt. Es ist, als ob er genau weiß, was sie will und was sie braucht.

Als hätte er nie etwas anderes getan.

Als wäre er Jonna.

Und so schickt er Jonna zum Himmel und wieder zurück, presst seine Lippen auf ihre, und so stöhnt sie in ihn hinein, als sie kommt.

Mika lächelt in ihren Mund, dann lässt er sich fallen, nach hinten, zittert und bebt und atmet, atmet so heftig. Trockene Zweige unter ihm knacken, und Jonna legt sich halb auf ihn, denkt nicht mehr nach, schiebt ihre Hand in seine Hose, in den Bund und rasch weiter hinunter.

Und dann hält sie inne.

Das gibt's nicht. Das kann nicht.

Feuchtigkeit. Lippen. Und Hitze.

»Mika?«, fragt Jonna ganz leise. Mika liegt starr. Nicht mehr hell, sondern bleich. Dann setzt er sich ruckartig auf und Jonna zieht ihre Hand weg.

»Jonna«, sagt er. »Jonna, he, hör mal ...«

Aber Jonna kann nichts mehr hören in diesem Moment. Nur das Rauschen des Blutes in ihren Ohren. Jonnas Kopf rast, alles dreht sich, ihr ist irgendwie schlecht. Oder nein, ihr ist komisch. So komisch, dass es sich schon wieder gut anfühlt.

»Mika?«, fragt sie schon wieder. Sitzt ihm gegenüber, schwer atmend.

Mika sieht sie an, von unten herauf. Seine Lippen sind jetzt noch schmaler als sonst und fast weiß. »Sag's niemandem, bitte«, flüstert er.

»Bin ich denn bescheuert?«, fragt Jonna rau.

Mika.

Mika? Das kann nicht.

Aber dann fügt sich alles zusammen. *Der ist immer für sich. Kommt hier immer schon in voller Montur an. Der wäre mir zu schmal. Halbe Portion.*

Ich zieh mich zu Hause um.

Mika. *Du Mädchen!*

Ja, klar. Klar, das ist Mika.

»Hättest es mir doch mal sagen können«, sagt Jonna leise.

»Was denn?«, fragt Mika.

Ja. Was denn? Jonna seufzt und legt sich flach auf den Rücken. Ein Mädchen? Mika ein Mädchen? Was heißt das jetzt?

Mika. Mika aus Zossen. Morgen fährt Jonna nach Hause. Nach Duisburg.

»Bist du eigentlich bei Facebook?«, fragt sie und ist selbst überrascht. Der Himmel da oben ist jetzt fast dunkel. Baumkronen über ihr, wiegen sich langsam. Schütteln die Köpfe.

Auch Mika schüttelt den Kopf. Beugt sich vor. Schmale Finger gleiten über Jonnas Gesicht, ihre Wange, die Lippen. Jonna lässt es geschehen. Es prickelt noch immer in ihrem Nacken. Oder wieder. Vielleicht sogar stärker denn je.

»MSN?«, fragt sie heiser.

Mika schüttelt wieder den Kopf. »Ich bin nirgendwo«, sagt er. »Nur hier bei dir. Oder ist das jetzt vorbei?«

Jonna spürt, wie ihr Herz klopft. Noch stärker als gerade.

Nein. Das ist nicht vorbei.

Das fängt gerade erst an.

Sie streckt die Hand aus. »Komm her«, sagt sie leise. »Komm, Mika. Komm her.«

Die Show ist eben vorüber, und das Feuerwerk fängt gerade an, als Jonna zu ihren Eltern stößt. Sie stehen immer noch vorne am Ufer und sehen aufs Wasser. Der Himmel ist dunkel und klar, der Blick ihres Vaters genauso.

»Na, Jonna, ist dir nicht kalt?«

»Nein«, sagt Jonna. »Nein, mir ist warm. Und, wie geht's euch? Ich meine, so miteinander?«

Ihre Eltern sehen sich an und dann beide zu Jonna. Zwei erstaunte Gesichter. Einen Moment lang ist das Schweigen so laut wie ein Schrei, dann knallt die erste Rakete und zischt in den Himmel. Rotblaue Funken erstrahlen, verglühen gleich wieder und die Zuschauer raunen.

»Wisst ihr was?«, sagt Jonna und jetzt fröstelt sie doch. »Wisst ihr was? Ich hab euch lieb.« Dann lehnt sie sich an ihren Vater.

Der lächelt verdutzt und erfreut, sieht zu Jonnas Mutter und legt ihr den Arm um. Jonnas Mutter lächelt, ganz schwach, aber sie lächelt. Und schließt kurz die Augen. Zu dritt stehen sie da, während der Himmel bunt glitzert und leuchtet.

Vielleicht geht da ja doch noch was, mit ihren Eltern. Jonna holt Luft. Ihr ist schwindlig. Sie ist so durcheinander. Ihr geht's so verdammt gut.

Mika. Mika.

Mika aus Zossen. Zossen ist nicht aus der Welt. Zossen ist fast Berlin. Da kann man mal hinfahren. Irgendwann mal vielleicht.

Auf jeden Fall wird sie ihm schreiben.

Oder auch ihr.

Hauptsache Mika.

ENDLICH

Sie saßen zu viert auf dem hinteren Hang der alten Kiesgrube und warteten darauf, dass die dritte Band die Bühne
betrat. Die Sonne hatte sich längst rot gefärbt und war hinter der Kante der Grube verschwunden, die Besucher des
GrubeNRock-Festivals verschwammen in der Dämmerung zu
einer dunklen Masse, nur vorn an der Bühne und bei den
Bier- und Wurstbuden gab es Licht, zu weit entfernt, um jemanden erkennen zu können.

Kein Windhauch regte sich und nur langsam schwand die
Hitze des Tages. Seit zwei Wochen hatte es nicht geregnet und
auch heute war der Himmel wolkenfrei. Das enge schwarze
T-Shirt klebte auf Peters Haut. Träge von der drückenden Luft
und dem Bier hob er einen warmen, taubeneigroßen Kiesel
auf, ließ ihn unschlüssig in der Handfläche hin und her rollen – überall waren Leute – und warf ihn dann einen halben
Meter vor seinen Füßen auf den Boden. In Gedanken wühlte
er die Finger erneut in den Boden und griff sich den nächsten
Stein.

Neben ihm saß Salle, der sein T-Shirt längst ausgezogen
und den trainierten, braun gebrannten Oberkörper entblößt
hatte, die Sonnenbrille mit den großen verspiegelten Gläsern
auf der Nase. Mit einem langen Zug leerte er sein Bier und

schrie mit Glenn Danzig, dessen Song *Devil's Playground* eben aus den Boxen tönte:

»If you get to close
burn you alive
just look in my eyes
and see if they lie
all these words I speak
you cannot deny!«

Bevor die anderen in den Chorus einfallen konnten, brüllte Salle: »Alle Schwimmer untertauchen! Jetzt! Ich seh nix!«, und schleuderte die leere Flasche weit hinaus auf den fußballfeldgroßen Baggersee, der den hintersten Teil der Grube bildete. Über Musik, Gelaber und Gelächter hinweg war der Aufprall kaum zu hören.

Wasser, dachte Peter und atmete erleichtert aus. *Das klang nach Wasser, nicht nach einem Kopf.* Niemand schrie vor Schmerz.

»Spinnst du?«, rief Ecki und riss die Arme theatralisch in die Höhe. »Da ist Pfand drauf!«

Salle und Richie lachten los, auch Peter grinste. Bei Salle musste man mit solchen Aktionen einfach rechnen, quer über seinen Schulordner hatte er *it's better to burn out than to fade away* geschmiert. In der siebten Klasse hatte er sich im Englischunterricht bei der hübschen Referendarin Meyr unter der Bank einen runtergeholt; vielleicht hatte er aber auch Melanie in der Reihe vor ihm auf den Hintern gestarrt. Wer ihn nicht kannte, dachte, ihm sei alles egal. Wer ihn kannte, dachte das nur manchmal.

»Ich hab gehört, die Sängerin der nächsten Band hat große Titten.« Auffordernd sah Salle seine Freunde an. »Wir sollten also vor, erste Reihe ist da Pflicht.«

»Backstage wär noch besser«, sagte Ecki.

»Das ist 'ne Kiesgrube, hier gibt es kein Backstage«, brummte Richie.

»Und was machen die für Mucke?«, fragte Peter.

»Mann, Alter, das ist doch vollkommen egal! Sie hat riesige Titten! Du bist siebzehn und immer noch Jungfrau, du solltest endlich andere Prioritäten setzen.«

Ecki und Richie lachten, Peter sagte nichts.

Hätte er doch nur seine Klappe gehalten oder einfach »Geil, Titten!« gerufen, aber dann hätte Salle irgendeinen anderen Spruch gebracht. Peter war diese ständigen Hänseleien über seine angebliche Jungfräulichkeit leid, aber er konnte sich nicht wehren, er durfte nicht.

Vor drei Monaten hatte er mit Salles älterer Schwester Eva geschlafen. Sie war einundzwanzig, notgeil und studierte in Bremen Jura. Ihr war es peinlich, etwas mit einem Jüngeren zu haben, noch dazu einem Freund ihres Bruders, und sie hatte ihn schwören lassen, nichts zu erzählen. Fünfmal hatten sie seitdem Sex gehabt – sie war über Pfingsten hier gewesen –, und Peter verspürte nicht die geringste Lust, auf das sechste Mal zu verzichten oder sich mit Salle zu prügeln. Also hielt er die Klappe, ließ sich hänseln, dachte beim Wichsen an Eva und wartete auf die Semesterferien. Seit ihrem ersten Mal steckte in seiner Jeans immer ein Kondom, falls sie doch spontan an einem Wochenende aufkreuzte. Dabei liebte er Eva eigentlich nicht, sondern Salles Freundin Meike. Aber das würde er noch viel weniger gestehen, das wäre sein Tod.

Am Tag, als Meike letzten Herbst hergezogen war, hatte er sich in sie verliebt, am ersten Tag, als sie ihn, durchnässt vom Nieselregen, vor der Schule nach dem Weg ins Sekretariat gefragt und ihm mit dem schönsten Lächeln der Welt gedankt hatte. Als sie dann Minuten später in seinem Kurs aufgetaucht war, hätte sein Herz ihm fast die Brust zerrissen, so hatte es zu schlagen begonnen.

In den nächsten Wochen hatte er so viele Witze wie noch nie gerissen, um ihr Lächeln wieder und wieder zu sehen. Nur selten hatte er sie direkt angesprochen, dafür war er zu schüchtern gewesen. Stattdessen hatte er seine Sprüche in die Gruppe geworfen und zu ihr geschielt. Er liebte ihr Lachen, ihre aufbrausende Art, ihre blitzenden Augen, wenn sie wütend wurde, ihre langen, rot gefärbten Haare, die große gerade Nase und die deutlich sichtbaren Brüste, einfach alles an ihr. Aber natürlich hatte er ihr seine Liebe nicht gestanden, er hatte jeden Augenblick versaut, in dem sie zufällig zu zweit gewesen waren, und mit Absicht hatte er keinen solchen herbeigeführt, zu groß war seine Angst vor einem *Nein* gewesen. Und so hatte sie auch nicht ihn erwählt, den viel zu zögerlichen Kerl, der sie nur anstarrte und zum Lachen brachte, sondern Salle – immer war es Salle. Salle war der große Zampano und Peter war eben nur der Freund des großen Zampanos. Und damit hatte Peter sie für alle Zeiten verloren, selbst wenn ihre Beziehung mit Salle irgendwann zerbrechen würde. Schließlich fing man nichts mit dem abgelegten Mädchen eines Freundes an. Peter hatte aufgehört, den Kasper zu geben, aber er konnte nicht aufhören, Meike zu lieben.

Meike dagegen versuchte immer mal wieder, ihn mit einer ihrer Freundinnen zu verkuppeln. Er wollte nicht wissen, wen sie gleich anschleppte, wenn sie zu ihnen stieß wie ausgemacht, oder von wem sie ihm erfundene Grüße ausrichten würde. Er wollte nicht wissen, mit welchen Worten sie ihn anderen Mädchen wie einen Ladenhüter anpries, wo sie doch selbst nichts für ihn empfand.

Liebe war echt zum Kotzen.

»Kein Interesse an Titten?«, hakte Salle nach, weil Peter sich nicht sofort gewehrt hatte. »Du bist doch nicht etwa schwul, oder?«

»Quatsch!«

»Ich hätte kein Problem damit ...«

»Ich bin nicht schwul, verdammt. Ich steh auf dicke Titten wie alle hier!«

»Nee, ich nicht«, sagte Ecki und zog genüsslich an seiner Kippe. Alle starrten ihn stumm an, selbst Salle schien es die Sprache verschlagen zu haben, und Ecki grinste lässig. »Ich mag Titten eher klein und fest. So 'ne ordentliche Handvoll, keine kopfgroßen Ballons.«

Sie lachten, prosteten Ecki zu – »Auf kleine Titten!« – und erhoben sich, um neues Bier zu holen und die Sängerin in Augenschein zu nehmen. Im Aufstehen krallte sich Peter noch einen Stein und schleuderte ihn in den See. Er musste Meike vergessen.

»Spinnst du?«, keifte eine ältere Tussi, die mit zwei Freundinnen eben an ihnen vorüberschlenderte.

»Was willst du?«, brummte Peter. »Ist doch kein Pfand drauf.«

Sie starrte ihn an wie einen Verrückten und ging kopfschüttelnd weiter, während sich Salle, Ecki und Richie bepissten vor Lachen.

Kaum hatten sie sich beruhigt, tauchte Meike mit ihrer besten Freundin Sandra auf, sie hatten ein schlankes, dunkelhaariges Mädchen im Schlepptau.

»Das ist Anja, sie spielt mit mir Volleyball«, sagte sie und sah dabei Peter an. Er blickte ihr in die dunklen Augen und beachtete Anja viel zu spät.

»Hi«, sagte Anja.

Die Jungs nickten, und Meike stellte sie reihum vor, Peter zuerst. Anja war wirklich hübsch, hatte große grüne Augen und schimmernd rosa geschminkte Lippen, und musterte Peter neugierig. Was mochte Meike ihr erzählt haben? Dass er einen riesigen Schwanz hatte? Dass er besonders zärtlich war? Oder gut in Mathe? Von was schwärmten Mädchen einander vor, wenn Jungs es nicht mitbekamen?

»Wir wollten gerade vor zur Bühne, die Titten der Sängerin begutachten. Kommt ihr mit?«, fragte Ecki.

Idiot, dachte Peter.

»Idiot!«, sagte Salle.

»Was?«, fragte Meike und funkelte Salle an.

»Lass mich mal trinken, mein Bier ist leer.« Salle langte nach der Flasche in Meikes Hand, aber sie zog sie weg.

»Vergiss es! Fremde Brüste anstarren, aber mein Bier wollen!« Ihre Augen blitzten.

»Komm schon.« Salle packte ihre Arme, hielt sie fest, zog sie an sich. Meike versuchte, ihn von sich zu stoßen.

Peter hob instinktiv die Hand, griff aber dann doch nicht ein, sondern kratzte sich alibimäßig am Kopf. Das war alles nicht Ernst, er durfte seine Gefühle nicht preisgeben. Ecki lachte, Richie schüttelte grinsend den Kopf, Sandra feuerte Meike an und beschimpfte Salle als *Spanner* und Anja blickte irritiert in die Runde.

»Was sich liebt, das neckt sich«, sagte Ecki zu Anja.

Salle und Meike balgten sich weiter, er lachend, sie verbissen. Sie torkelten hin und her, näherten sich dem See, und plötzlich packte Salle sie fester und stieß sie ins Wasser. Sie stolperte rückwärts, stürzte und tauchte ganz unter. Zahlreiches Johlen erklang ringsum, Applaus. Prustend tauchte

Meike wieder auf, das Bier hielt sie noch immer umklammert. Sie stapfte heraus, die nassen Haare wischte sie sich beiläufig aus dem Gesicht. Das enge weiße Top war durchnässt, die Nippel deutlich sichtbar, als sie im Dämmerlicht nahe genug herangekommen war. Peters Mund wurde trocken, er konnte nicht wegsehen. Doch er musste, er musste, befahl er sich lautlos.

Meike war sich inzwischen der Situation bewusst geworden, ließ das Bier fallen und versuchte mit spitzen Fingern, das nasse Top von der Haut zu lösen, doch es war einfach zu eng; kaum ließ sie es los, klatschte es wieder zurück und legte sich auf die Haut.

»Blöder Idiot!«, keifte sie Salle an. »Schmeiß doch die Sängerin hier rein, wenn du ihre Titten begaffen willst!«

»Die sind groß genug, die seh ich auch so«, erwiderte Salle lässig und reichte ihr sein T-Shirt. »Zieh das an.«

Wütend packte Meike es und schleuderte es hinter sich in den See. »Bringt nichts, das ist auch nass.«

»Hey, spinnst du?« Fluchend sprang Salle dem Shirt hinterher.

»Leihst du mir deins, Peter?«

Er starrte sie an, ihre Augen, nicht die Brüste, wusste einen Moment nicht, was tun, dann nickte er und zog langsam sein Shirt aus. Als er es ihr gab, wünschte er, es wäre nicht so verschwitzt.

Aber sie rümpfte nicht die Nase, als sie es überzog, sondern sagte schlicht: »Danke.«

»Ähm, bitte.«

»Bist du mit deiner 8oer da?«

Er nickte.

»Fährst du mich kurz heim?«

167

»Gehst du jetzt?«, fragten die anderen und Sandra fügte hinzu: »Komm, bleib da.«

Nur Salle, bis zu den Knien im Wasser, knurrte: »Hau doch ab, wenn du keinen Spaß verstehst.«

»Ich zieh mir nur 'ne trockene Jeans an«, sagte sie zu ihren Freundinnen. Ohne Salle zu beachten, stieg sie den Hang der Kiesgrube hinauf. Peter folgte ihr und sah mit einem Schulterzucken zu seinen Freunden zurück, als wolle er sagen, er könne ja nichts dafür. Schließlich war er der einzige Motorisierte, die anderen waren im Auto von Richies Bruder mitgefahren. Er sagte Meike nicht, dass er nach drei Bier nicht mehr fahren sollte, er konnte ihr nichts abschlagen.

Sie sprachen nicht viel, bis sie bei seiner 8oer angekommen waren. Inzwischen war es Nacht geworden, der Mond stand tief und war fast voll und hell. Er gab ihr den zweiten Helm: »Halt dich am Gepäckträger fest, oder an mir, wie du magst.«

»Ich weiß.«

Er schwang sich auf den Sitz und ließ den Motor an, Meike setzte sich hinter ihn und legte ihm die Arme um den Körper. Er spürte, wie ihn ein Schauer überlief. Langsam zuckelten sie davon, die Musik blieb hinter ihnen zurück, der Scheinwerfer tanzte über den holprigen Feldweg.

Er spürte ihre Brüste an seinem Rücken, das Wasser war inzwischen auch durch das trockene T-Shirt gedrungen und legte sich kühl auf seine Haut. Doch er glaubte nicht, dass seine Gänsehaut daher rührte. Ihre Finger lagen auf seiner nackten Brust, und er hatte das Gefühl, sie würden sich ganz langsam bewegen, als streichelte sie ihn; vielleicht war es auch nur das Ruckeln der Schlaglöcher und auf der Landstraße wäre es vorbei. Trotzdem bekam er einen Steifen. Ihre Finger krallten sich fester in ihn, er spürte, wie sie sich stärker an ihn schmiegte. Er drosselte das Tempo und wünschte, die Fahrt würde ewig dauern.

»Alles okay?«, rief er gegen Wind und Motor an, weil er irgendwas sagen wollte und nicht wusste, was.

»Halt mal an!«, rief sie.

»Was ist?« Er bremste neben einem Maisfeld. Dreißig Meter vor ihnen traf der Feldweg auf die Landstraße nach Hartingen, wo Meike wohnte.

Sie schwang sich vom Sitz und nahm den Helm ab. »Ich muss mein nasses Top ausziehen. Der Fahrtwind ist zu kalt.«

Peter tat es ihr gleich, stellte den Motor aus, schob die 8oer vom Weg herunter und bockte sie auf.

»Drehst du dich bitte um?«

»Nicht gern«, sagte Peter lächelnd und zögerte; er wusste nicht, woher er plötzlich den Mut für einen solchen Spruch nahm. War der Alkohol schuld oder ihre Berührung auf der Fahrt? Aus der Kiesgrube drang schwache Musik herüber.

»Warum? Die Sängerin hat doch die größeren Titten.«

»Und wennschon. Die interessieren mich nicht.« Er schluckte. Seine Stimme war leiser geworden, aber er hatte es gesagt, hatte sich diesmal nicht hinter einem albernen Spruch verborgen.

»Aber meine?« Sie kam einen Schritt auf ihn zu, ihr Mund war leicht geöffnet und sie sah ihn lauernd an. Vielleicht hoffnungsvoll?, dachte er. »Meine interessieren dich?«

Er nickte stumm.

»Dann schau gut her. Wenn Salle glotzen darf, dann sollst du auch dürfen.« Langsam zog sie sich sein T-Shirt über den Kopf, warf es Richtung der 8oer, neben der es zu Boden fiel. Ganz sacht begann sie auf der Stelle im hellen Mondlicht zu tanzen, wiegte sich im Rhythmus der fernen Musik. Langsam drehte sie ihm den Rücken zu und zog sich das Top über den Kopf, ließ es zu Boden gleiten. Er starrte auf ihren kreisenden Hintern, den String, der über dem Bund der Hüftjeans heraussah, und dann wieder in ihre brennenden Augen, als sie über die Schulter zu ihm zurückblickte. Er wusste nicht, weshalb sie das tat, und es war ihm egal, ihm war alles egal, nur sie nicht.

Hatte sie endlich erkannt, was er für sie empfand? Oder nur zu viel getrunken?

Sie hielt die zitternden Hände vor die Brüste, als sie sich wieder umdrehte, und einen Moment lang dachte er, sie sei plötzlich unschlüssig, dann nahm sie sie fort. »Na, gefällt dir das?«

»Sehr.« Peter nickte und schluckte. Er starrte auf die kleinen, harten Nippel. Sein Ständer drückte so hart gegen die Hose, dass es schmerzte. Er wusste nicht, was er jetzt tun sollte, was er tun durfte. Sie berühren? Endlich, nach all den Monaten?

»Meinst du, die kriegen da unten mehr geboten?«

»Weniger. Viel weniger.« Wild schlug sein Herz.

Sie hatte aufgehört zu tanzen und lächelte. »Danke.«

»Ist die Wahrheit«, sagte er mit rauer Stimme und versuchte ein Grinsen. Euphorie hatte ihn gepackt, er wollte mehr, sie anfassen und küssen und mit ihr schlafen. Er hatte keine Kontrolle mehr über seine Gedanken, gleich würde er bestimmt wirres Zeug brabbeln und ihr seine Liebe gestehen. »Aber ist deine Hose nicht auch zu nass und klamm?«

Sie lachte kurz auf, nervös, und sah ihn abschätzend an, so als habe sie etwas Neues in ihm gesehen. Sie biss sich auf die Unterlippe, dann rief sie: »Scheiß drauf! Keine halben Sachen!« Und sie machte sich tatsächlich an ihrem Gürtel zu schaffen. »Aber anfassen ist nicht, nur gucken.«

Sie öffnete die Knopfleiste und schob die Hose langsam bis zu ihren Knöcheln hinunter. Dann schlüpfte sie aus den Sandalen, aus der Hose, richtete sich auf und fuhr mit den Daumen spielerisch unter ihrem String entlang. Dabei starrte sie Peter unentwegt in die Augen, fragend und voller Verlangen, voller Sehnsucht, vielleicht auch nur angetrunken. »Sag, dass du mich schön findest. Sag, dass meine Brüste groß sind.«

»Du bist wunderschön und deine Brüste sind perfekt.« Peter sah sie an. »Alles an dir ist perfekt, ja, perfekter als perfekt.«

»Das ...« Sie verstummte. »Ich ... Du ...«

Sie standen ganz nah beieinander, er konnte ihren Atem auf seinem Gesicht spüren, doch sie berührten sich nicht, auch wenn irgendeine Kraft Peters Arme auf sie zuzog. Stumm starrten sie sich an und Peter dachte: *Jetzt, jetzt musste sie doch verstehen!* Jetzt musste sie ihm doch erlauben, sie anzufassen. Und eine andere Stimme in ihm sagte: *Tu's doch einfach! Sie wartet drauf.* Aber er konnte seine Hände nicht heben.

Da hörte er auf der Landstraße ein Auto, dessen grelles Fernlicht über die Felder hinwegstreifte und sich ihnen rasch näherte. Mit einem Aufschrei sprang Meike ins Maisfeld, sie wollte nicht gesehen werden, Peter stürzte ihr nach. Als sie mehrere Stauden weit hineingelangt waren, stolperte Meike und fiel hin, Peter schlug neben ihr auf den Boden, den Arm wie zum Schutz um sie gelegt. Sie sagte nicht, dass er sie nicht anfassen durfte.

Das Auto brauste draußen vorbei, das Licht erfasste sie

nicht, sie waren vor der Welt verborgen. Hier drinnen gab es nur sie beide.

Mit bebenden Lippen starrte Meike ihn an, Zentimeter von seinem Gesicht entfernt. Zärtlich strich er ihr das nasse Haar aus der Stirn und murmelte: »Du bist wunderschön.«

Ihre Lippen berührten sich einen Augenblick lang ganz vorsichtig, abtastend, dann stieß ihre Zunge tief in seinen Mund und er umfing sie mit seiner. Er küsste sie mit allem Begehren, das er über Monate unterdrückt hatte, und er spürte das Glück und dachte *endlich, endlich, endlich.*

Dann packten ihre Hände seinen Gürtel und zerrten an der Schnalle. Peter streichelte ihre Brüste mit zitternden Händen und nahm die Nippel zwischen Daumen und Zeigefinger, wie Eva es mochte.

»Au.«

»'tschuldige.« Er ließ die Brüste los.

»Hey! Mach weiter.«

Der Boden war trocken und hart, doch das war egal. Peter hatte aufgehört zu denken, er fühlte die Steine nicht, die in seinen Rücken drückten, als Meike sich auf ihn legte und mit der Hand seinen Schwanz packte. Hastig stieß er ihre Hand weg, er wollte nicht zu früh kommen, und wälzte sich nach oben. Küsste sie wieder und wieder, trunken vor Glück.

Erregt spielte er mit zwei Fingern zwischen ihren Beinen, so wie es Eva ihm gezeigt hatte. Er spürte, wie sie immer feuchter wurde, und zerrte das Kondom aus seiner Hosentasche. Dann drückte er sie auf den Boden und drang ganz langsam in sie ein. Stöhnend presste sie das Becken gegen seins, klammerte sich fest an ihn, krallte die Finger in seinen Hintern, drückte ihn in sich, umklammerte dann wieder seinen Rücken, fest und stöhnend. »Mach's mir, los, mach's mir.«

Und er bewegte sich schneller und schneller, ächzte und hätte am liebsten geschrien: »Ich liebe dich!«, aber es blieb bei einem »Ja!«.

Und noch einem, und noch einem.

Und als alles vorbei war, lagen sie keuchend nebeneinander, und plötzlich drückten die Steine schmerzhaft, und der Boden war hart. Aber es kümmerte Peter noch immer nicht. Er sah zärtlich zu Meike hinüber, und ihm war vollkommen egal, dass er eben bestimmt seine Freunde verloren hatte. Dabei hatte er sich zuerst in Meike verliebt, und Salle hatte kein Recht gehabt, überhaupt etwas mit ihr anzufangen, und überhaupt war es ein freies Land, wenn Meike nun ihn wollte, dann war das eben so! Er lächelte; er hatte Meike gewonnen. Alles würde gut werden.

Er hob den Arm, um ihr über das Gesicht zu streichen, doch sie sagte plötzlich: »Oh, Scheiße«, und richtete sich auf.

»Was?«

»Warum hast du das getan?«, fauchte sie.

»Ich?«

»Ja! Du wolltest doch, dass ich auch die Hose auszieh!«

»Ja, aber ... *wir* haben es getan, nicht ich allein.«

»Verdammt!« Sie sprang auf. »Wehe, du erzählst das Salle. Er darf das nie erfahren! Niemals!«

»Aber ...«

»Was?«, fuhr sie ihn an.

»Nichts ...« Für einen Moment schloss er die Augen, er konnte sie nicht ansehen. Er war einfach ausgelaugt und leer, er konnte nicht wütend auf sie sein, er konnte nicht einmal um sie kämpfen.

Nie war es hier um ihn gegangen, um Sex mit ihm, nur um Rache an Salle. Eine Rache, die viel größer ausgefallen war als beabsichtigt. Ein Moment der Lust, der nicht mehr gewesen war als der eine Moment. Peter hatte Glück gehabt, gerade eben hier gewesen zu sein. Oder Pech, ganz wie man es sah. »Gut. Dann verschweig ich halt auch das.«

»Was?«

»Ach nichts.«

Ohne ein weiteres Wort zogen sie sich an, dann fuhr er Meike nach Hause; sie hielt sich am Gepäckträger fest. Während sie sich drinnen umzog, wartete er auf der Straße vor ihrem Haus und zündete sich eine von Evas Kippen an, die seit Pfingsten unter seinem Sitz warteten. Hustend setzte er sich auf die Bordsteinkante und starrte in die Nacht.

Liebe war wirklich zum Kotzen, sie machte einen einsam.

Und wenn er nicht bald mit einem Mädchen schlief, das nichts mit Salle zu tun hatte, würde er sich von ihm auch in zehn Jahren noch als Jungfrau hänseln lassen müssen.

RAPUNZEL

Schande über mich! Ja! Mach dir keine Mühe, Mama. Ich nehme sie dir ab, deine Verwünschungen. So sehr hast du mir deine kranken verkorksten Ansichten eingeimpft, dass ich manchmal nicht weiß, wer redet da in mir. Ich oder du? Ich weiß, du würdest mich zum Teufel jagen, wüsstest du, was ich denke, wovon ich träume, was ich tue. Aber, Mama, es geht dich nichts an. Hörst du, es ist mein Leben!

***

Sie dachte ständig an ihn. Nichts vermochte den Strom ihrer Gedanken, ihre einzige Verbindung zu ihm, zu unterbrechen. Bis zum Sommer waren sie noch auf derselben Schule gewesen, doch dann war er abgegangen. Er war älter als sie. Zwei Jahre. Sie wusste nicht viel von ihm, sie hatten nur ein paar Mal miteinander geredet und waren sich nur unbedeutend kurz etwas nähergekommen. Nur eins wusste sie ganz sicher, dass sie ihn liebte und dass er sie für unerfahren hielt. Unerfahren, weil sie mit fast siebzehn immer noch keinen Freund gehabt hatte.

Auch an seinen letzten Schultag musste sie immer wieder denken. Das war nicht der Tag, an dem sie ihn zum letzten

Mal gesehen hatte – nein, sie lebten schließlich in derselben Stadt –, es war das letzte Mal, dass er sie angesehen hatte.

»Bleib, bleib doch!« Ihre Augen waren nicht von den seinen gewichen, hatten versucht, ihn zum Bleiben zu Bewegen. Von der Schule würde er gehen, aber musste er denn auch sie verlassen? Diese Augen. Ein Meer der Ungewissheit, grün, tief, scheu. Sie hatten sie verzaubert, schon bei der ersten Begegnung. Doch sein Blick ruhte nicht, wich ihr aus, verriet eine Zerrissenheit, die sie nicht deuten konnte. Etwas Schüchternes lag darin, etwas Flüchtendes, etwas Ängstliches vielleicht. Wenn er nur einen Augenblick ihrem Blick standhielt, sie würde hineintauchen. Abtauchen in den Spiegel seiner Seele. Wer war er? Sie brannte danach, ihn zu erforschen. Mit ihren Augen, ihren Lippen, mit ihrem Körper, ihrer Seele.

***

Weißt du noch, Mama? »Was machst du da?«, riefst du, und ich weiß nicht, wer erschrockener war. Ich oder du? Ich hatte dich mit großen Augen angestarrt. Ich weiß nicht mehr, wie ich mich verhalten habe, ob ich zusammengezuckt war und etwas getan habe, das man tut, wenn man sich ertappt fühlt bei etwas Verbotenem. Verlegen auf den Boden schauen zum Beispiel. Oder frech grinsen oder einfach rot werden. »Reibst du dich etwa?«, fragtest du mich, und ich mit meinen fünf oder sechs Jahren wusste nicht, warum du so reagierst. Ich hatte es gerade erst entdeckt. Ein neues Gefühl. Ich rieb meine Scheide an die Sofalehne. Es fühlte sich gut an. Neu und gut. War es meine Schuld, Mama? Gerade hatte ich etwas entdeckt und schon hast du es verboten. Wie alles, was schön war. An deinem Blick, Mama, wusste ich sofort, dass ich das künftig sein zu lassen hatte. Dass ich soeben etwas Verbotenes entdeckt

hatte, wofür ich mich künftig zu schämen hatte, und auch etwas,
sollte ich es wieder machen wollen, mich dabei nicht wieder dürfte
erwischen lassen. Ich tat es immer wieder.

***

Weich und warm. Ihr Blick, ihre Augen, sie wärmten ihn. Das war es. Jetzt auf einmal konnte Marco dem einen Namen geben, was er gefühlt, aber nicht verstanden hatte. Fordernd, fühlend, liebend. Sie zogen ihn an, ihre schönen braunen Augen, sie nährten ihn. Er fühlte sich umgeben, aufgefangen von ihr. Seine Einsamkeit verflog, wenn sie ihn anschaute. Eine Einladung waren ihre Augen, funkelnd und fröhlich. Verdammt noch mal, warum schenkte sie ihm so wenig davon? Er, Marco, brauchte sie, wollte sie. Sein Mädchen sollte sie sein.

***

In seinem Lächeln fand sie ihre Welt wieder. Ihre Welt, so wie sie sein sollte. Seine Natur ließ ihn strahlen und sie strahlte mit. Sie seufzte. So wie es sein sollte, würde es je so sein? Wo war er nur, jetzt in diesem Augenblick? Sie schloss die Augen und sah seinen männlich-schönen Mund. Die zarte Haut dieser Lippen löste sich nur zeitverzögert von den ihren. Immer wenn ihre Köpfe auseinandergingen, um mit neuem Atem Kraft zu schöpfen, schienen sie nicht loslassen zu wollen. Seine Augen schwiegen, waren verschlossen für sie und ließen sie nicht eintreten. Doch was seine Augen nicht sagen konnten, sagten diese festen Lippen. Sei mein! Sie waren wie ein Bett. Geborgen fühlte sie sich auf ihnen. Wenn er an ihren

Lippen sog, forderte er, wollte mehr, immer mehr von ihr. Seine Zunge drang ein in ihren Mund, machte das, was sie nicht machen konnten. Nicht durften. Jedenfalls nicht jetzt, nicht beim ersten Mal.

***

Ach, Mama. Hat dich je jemand so geküsst, auch wenn es nur in deiner Fantasie war? Du weißt nichts. Nichts. Warum nur hast du mein Leben verdorben? Er will mich nicht. Ich habe einen Makel, den ich dir verdanke. Ich bin unerfahren. Aber nicht mehr lange, Mama. Ich schwöre es dir. Siehst du, das nächste Mal tue ich es, weil ich es tun muss. Egal, wie ich mich dabei fühle. Egal, ob es richtig oder falsch ist. Und du, du bist schuld!

***

Ernst, traurig und doch voller Lebensfreude. Ihr Mund, ihr Lachen, ihr zartes, feines Lächeln. Leicht schief. Es zog ganz leicht nach links, wenn sie lächelte, und gab ihrem hingebungsvollen Wesen etwas Vorlautes, Freches. Ein süßer Ausgleich, und Marco lauerte nach diesem feinen, leicht schiefen Lächeln, das ihn so faszinierte. Ein Lächeln aus geschwungenen zartrosa Lippen. Honigsüß. Sie verrieten sie, zeigten ihm, was sie wollte. Nimm mich. Sie war bereit für ihn. Schüchtern zwar zog sie sich zurück, wenn seine Zunge seiner Zurückhaltung nicht folgte, zu weit, zu schnell vordrang. Dennoch forderte sie ihn heraus. Leicht geöffnet, lächelnd, gebend, nehmend ließ sie ihn saugen, streicheln, küssen und sie saugte, streichelte, küsste ihn. Dieses Mädchen. Sein Mädchen. Wann würde sie es sein? Marco konnte nicht widerstehen, und doch konnte er nicht aus sich heraus, solange sie nicht in seine Augen schaute.

***

Hände sind verräterisch. Wo wandern sie hin? Können sie ruhen, beobachten, warten? Können sie nehmen, genießen? Schöpfen? Liebe schaffen? Diese konnten. Mit geschlossenen Augen fühlte sie ihnen nach. Leise krabbelten sie ihren Bauch hinunter. Ihre Nackenhaare richteten sich auf. Ihr war, als könne sie jedes einzelne spüren. Wenn sie an seine Hände dachte, lang, freundlich, gerade, wissend, wollte sie sie küssen. Aber sie konnte nicht. Sie nahm diese Hände und führte sie, ließ sie Bekanntschaft schließen mit jeder Region ihres Körpers, verborgen oder nicht, verboten oder nicht. Was machte das schon?

***

Ich höre dich fluchen, Mama. Du verfluchst deine Tochter, über die du Schande gebracht hast. Nicht umgekehrt! Weißt du noch damals? Ich, Maria, meine niedliche Schwester, auf die ich immer aufpassen musste, und die Nachbarskinder hatten Verstecken gespielt. Als Maria suchen musste, bin ich mit Boris losgerannt. Wir hatten uns gemeinsam im Gebüsch versteckt. Maria hatte uns nicht gefunden und mich dann bei dir verpetzt. Du sagtest: »Du versteckst dich mit einem Jungen im Gebüsch? Was hast du da gemacht? Das will ich nie wieder sehen, hörst du?!« Wortwörtlich, Mama! Das hast du gesagt und wir waren vielleicht sieben. Was hätten wir denn tun können? Auch wenn er mein heimlicher Schwarm war? Ach, Mama!

*** *

Sie! Wenn sie schwieg, redeten nicht nur ihre Augen. Ihre Hände taten es auch. Immer aktiv, immerzu berichteten sie und Marco hörte ihnen zu. Folgte ihnen wie einem spannenden Krimi. Ihre Augen immer weit entfernt, ihre Hände immer hier. Warum waren sie so unruhig? Warum wichen ihre Augen aus? Er gab auf, nachdem er eine Ewigkeit vergebens auf den Blickkontakt gewartet hatte, und folgte ihren Händen. Er liebte die Geschichten, die ihre weisen Hände erzählten. Ihre Bettgeschichten. Die Finger, lang und zart, hatten viel zu sagen und zu zeigen. Er hätte ihnen überallhin folgen können. Weit, weit fort brachten sie ihn. Fremdes, Unerforschtes tat sich ihm auf. Eine neue Welt, ihre Welt. Gemeinsam krabbelten sie. Er verfolgte sie, suchte, entdeckte sie und fand, tauchte ein, verweilte. Warm, weich, feucht. Fremd war es hier und doch so vertraut.

*** *

Auf und ab. Ihr Kopf folgte seinem Atem. Ihre Wange klebte auf der schweißgebadeten Haut seiner Brust. Sie hörte sein Herz pochen. Fast zu schnell. Sollte sie sich Sorgen machen? Sie vermied, den Kopf anzuheben und nach ihm zu schauen. Stattdessen ließ sie die Augen geschlossen und wiegte sich in seinem Atem, der sie beruhigte. Die Wärme seiner Brust. Seine weiche Haut. In dieser Brust war seine Liebe zu ihr. Das konnte sie spüren. Sie presste ihre Augen fester zu, als könnte sie so verschwinden. Woandershin. Auch ihre Brust war voller Liebe, auch ihr Herz schlug, schnell, immer schneller. Wo war er nur?

***

Dein Vogel, hast du gesagt, Mama, würde mich immer beobachten. Und er würde dir alles erzählen, was ich so treibe. Meine ganze Kindheit über habe ich mich vor diesem Vogel gefürchtet. Und nun? Weißt du, was ich jetzt tue, liebste Mama? Hat es dir dein Vogel schon berichtet? Du hast ihn mir eingepflanzt, diesen Vogel, und seither muss ich kämpfen gegen ihn. Gegen dieses unaufhörliche Geplapper in meinem Kopf. Er ist ein Papagei, dein Vogel, und er plappert dir alles nach, Mama. Und ich will ihn nicht hören, hörst du? Ich will nicht!

***

Marco legte sich an ihre Brust. Einladend kam sie ihm entgegen. Sie lagen nebeneinander, einander zugewandt. Ihr Busen. Liebreizend. Ein altes Wort, aber kein anderes würde besser passen. Klein, zart und puderweiß. Er küsste sie und fühlte sich ihr so nahe, dass er die Ferne vergaß, die von ihr ausging. Sie war immer da, diese Ferne, auch wenn sie sich immer näherkamen. Auch wenn sie miteinander spielten, wenn ihre Brustwarzen dunkelrosa und hart wurden und er an ihnen sog, sie mit seiner Zunge liebkoste. Auch dann war sie da, diese Ferne. Auch wenn sie ihm ihre Brüste immer weiter entgegenstreckte und seine Hände sie festhielten, eine Hand an ihrer Hüfte, die andere ihr Hohlkreuz stützend, das durch ihr lustvolles Rekeln entstanden war. Es erregte Marco, löste kurzzeitig Freude in ihm aus. Pure Freude darüber, dass er es war, der das bei ihr bewirkt hatte. Aber dann kam sie, die Traurigkeit über ihre Ferne, und er konnte es nicht ansprechen. Er konnte nicht.

181

Das war es also. Diese Härte. Es war pure Männlichkeit, und sie liebte es, sie zu spüren. Ihr Körper, ihre Schönheit vermochte diese Art der Männlichkeit zu erwecken. Unerfahren war sie, aber das heißt nicht, dass sie nicht informiert war. Sie hätte ihn geküsst, sie hätte ihn aufgenommen in ihren Mund, sie hätte ihre Zunge auf und ab wandern lassen an seiner Männlichkeit. Sie hätte gelernt, ihn kennengelernt, überall. Doch diese Männlichkeit war nicht dazu da. Sie war dazu da, ihren Wunsch zu erfüllen. Sie wollte ihn in sich spüren. In diesem Augenblick. Nichts weiter. Sie wollte ihn nicht sehen, wie hätte sie ihn küssen können? Zu wissen, was man will, und es zu erreichen um jeden Preis, sind ganz unterschiedliche Dinge. Genauso unterschiedlich, wie zu spüren, was der Körper will und was der Kopf sagt. Ihr Körper wollte es und in ihrem Kopf plapperte der Papagei ihrer Mutter. Ihr Makel sollte gleich Vergangenheit sein. Unerfahrenheit konnte ihr dann keiner mehr vorwerfen. Auch er nicht. Sie spreizte ihre Beine. Jetzt war es so weit. Er war so einfühlsam, so zärtlich. Er war vorsichtig, langsam. Fast wäre es ihr lieber, er wäre es nicht. Denn er konnte nicht eindringen. Es ging nicht. Es tat weh, auf einmal tat es weh. Alles war zu. Sie war zu. Was war los? Er flüsterte ihren Namen. Dann legte er sich auf ihre Brust, vergrub sein Gesicht. Die Härte war weg. Ihr Wunsch auch. Sie öffnete die Augen.

***

Bin ich etwa deine Rapunzel, Mama? Hast du mich deswegen auf die Welt gebracht? Hast du mir dieses Märchen deswegen immer

erzählt? Du hast mich zur Rapunzel der Gesellschaft gemacht,
deiner Gesellschaft, deiner Welt, so wie du sie siehst. Nicht ich.
Weißt du, Mama, ich habe es getan und ich werde es wieder tun.

***

Seine Lippen wanderten ihren Nacken entlang. Sanft und liebevoll glitt Marco mit seinen Fingerspitzen ihren Rücken hinunter, erreichte ihren Po und umgriff ihren Oberschenkel leidenschaftlich. Sein Griff ließ sie aufstöhnen, ihr Körper spannte sich an, und sie rekelte sich unkontrolliert, angetrieben von purer Lust, als seine Finger endlich zwischen ihren Beinen angelangt waren. Plötzlich spreizte sie ihre Beine. Sie forderte ihn heraus. Sie wollte ihn. Sein Mädchen. Jetzt würde sie es werden. Seine Lust drängte ihn, doch er gab sein Bestes, um vorsichtig zu sein. Marco verstand nicht, was passierte, er konnte nicht eindringen. Wie sollte er das zusammenbringen, ihr Verlangen und ihre Verkrampfung? Tat er ihr weh? Erschöpft war er. Erschöpft davon, sie nicht verstehen zu können. Er sank auf ihre Brust, und als er hochschaute, sah sie ihn an. Jetzt verstand er, was er tief in seinem Inneren gespürt hatte. Marco hatte es nicht wahrhaben wollen, und nun wusste er, dass es doch so war. Er erhob sich. Sie liebte ihn nicht. Nicht vorher, nicht jetzt. Sie war nicht sein Mädchen, hatte es nie sein wollen.

***

Nur wegen dir, Mama. Nur wegen dir wollte ich es tun, und es hat nicht mal geklappt. Nur deinetwegen. Nur, weil es so sein muss. Und du? Dir ginge es doch nur darum, dass ich es überhaupt getan habe. Mein Gott, du würdest mich umbringen, wenn du wüsstest, dass mich ein Junge küsst. Und jetzt das, Mama! Deinetwegen habe ich Marco wehgetan. Er liebt mich, ich weiß es, aber ich liebe Phillip und, Mama, ich will ihn haben. Ich liebe ihn. Weißt du, was das ist? Weißt du, was du mir antust mit deinen Verboten? Mit deiner Krankheit? Ich gehe mit Marco ins Bett und stelle mir Phillip vor. Du machst mich krank! Weißt du, wie es ist, für die Liebe alles zu tun? Liebst du mich, Mama?

KINDERSPIEL

Wir liegen nebeneinander, noch immer schwer atmend, die Gesichter einander zugewandt, und langsam strömt das Blut von meinem Unterleib zurück in meinen Kopf.

»Ach, musste echt schon los?« Obwohl ich sie flehend ansehe, macht Jule Anstalten aufzustehen und sucht ihren BH. Ich weiß, wo der ist, an meinem rechten Fuß nämlich, aber ich werde den Teufel tun, ihr das zu verraten.

»Baby, komm, bleib noch ...«, ich halte ihre Hand fest.

»Aber ich habe doch keine Zeit, ich treffe mich mit meiner Ma in der Stadt. Ich habe ihr versprochen, ich gehe nur kurz bei dir vorbei und dann komme ich mit ihr ins Kino.« Jule sieht mich lächelnd an.

Wie sie da so sitzt, die Haare fallen ihr ins Gesicht, kann ich nicht fassen, wie hübsch sie ist. Und noch weniger kann ich fassen, dass sie wirklich hier sitzt, hier, in meinem Bett.

»Ach komm, nur noch fünf Minuten kuscheln.« So schnell lasse ich nicht locker.

Sie lässt sich seufzend zurück ins Bett fallen und so liegen wir da, und ich küsse sie und flüstere ihr Dinge ins Ohr, von denen ich weiß, dass sie darauf abfährt. Ich presse sie ganz fest an mich, mein schlaffer Schwanz an ihrem Po. Meine Hand gleitet über ihre Hüfte, fährt ihre Konturen entlang, ganz vorsichtig. Ich rieche ihre Haare, das Vanilleshampoo. Ich stecke meine Nase in ihre Haare. Die sind so weich. Seide. Nicht wie meine. Wie macht sie das bloß? Warum sind Haare von Mädchen immer so weich? Ich küsse ihren Rücken, ganz sacht. Mein Arm wandert nun von ihrer Hüfte an ihre Brust, gleitet weiter. Streicheln, sie bekommt eine Gänsehaut. Doch gerade als es so richtig schön wird, steht Jule einfach auf! Ein Teil von mir auch. Das ist Rekord. Während ich kurz überlege, ob man mit einer Turbo-Erektion wohl ins Guinness-Buch der Rekorde kommen kann (welche Kategorie???), zieht Jule sich an. »Ich muss jetzt echt los!« Und ehe ich es mich versehe, ist sie weg. Ohne BH, aber dafür in Überschallgeschwindigkeit. Definitiv rekordverdächtig. Als wäre der Teufel hinter ihr her – oder ihr Freund mit Dauererektion. Mann!

Unten fällt die Tür mit einem lauten Knall ins Schloss. Scheiße. Einen runterholen = zwei Minuten. Und dann noch den ganzen Sonntagabend Zeit.

**

Wir sehen beide zur Tür, die Jule wieder einmal mit einem lauten Knall und einem leisen »Tschüss« hatte zufallen lassen.

»Jetzt rede endlich mit ihm.« Leicht genervt sieht meine Frau Irene mich an. Es fehlt eigentlich nur noch, dass sie mit dem Fuß aufstampft.

»Warum muss *ich* das machen? Ist ja schließlich auch *dein* Sohn«, entgegne ich herausfordernd. Aber Irene lässt sich nicht so leicht beirren.

»Ich werde das bei Maike machen, wenn die so weit ist.«

»Mensch, Irene, Maike ist gerade mal vier Jahre alt!«

Streitlustig reckt Irene ihr Kinn nach vorne. »Na und, Mädchen sind viel früher dran, also so mit zwölf und überhaupt! Da kommt dann noch die ganze Schwangerschaftsgeschichte dazu.«

»Ach, von Schwangerschaft soll ich Nico jetzt nichts erzählen, oder was?!«, frage ich gereizt.

»Also gut, wenn du Maike dann über ihre Menstruation aufklären möchtest und ihr beim Einführen ihres ersten Tampons hilfst, gern! Dann übernehme ich jetzt Nicos Aufklärung.«

»Nein, schon gut! Ich mach's ja! Herrgott! Zufrieden?!«

»Sehr.« Schmunzelnd lehnt sich Irene auf dem Sofa zurück und schlägt ihre Frauenzeitschrift auf.

»Nico?« Meine Stimme klingt heute irgendwie nicht wie meine Stimme.

»Kann ich reinkommen?«, frage ich durch die geschlossene Tür.

Schon seit einem Jahr traue ich mich nicht mehr in Nicos Zimmer, ohne anzuklopfen. Damals, an diesem Tag im November, wollte ich nur wissen, ob das Telefon bei ihm ist. War es auch. Außerdem seine Hand in der Hose und zwei Wochen später eine Telefonrechnung von 281 Euro auf unserem Küchentisch.

Die letzte Rate hat er letzte Woche bezahlt.

Seitdem ist Anklopfen eine ganz wichtige Sache. Für uns beide.

Durch die Tür höre ich ein dumpfes »Ja!?«.

Geballer auf dem Bildschirm. Bevor ich sehen kann, was er da spielt, zack, Bildschirmschoner. Clever, mein Sohn. Er ist ja erst fünfzehn, aber ich könnte schwören, dass der auch

Ballerspiele hat, die es eigentlich nur für Leute gibt, die achtzehn sind.

Wann hatte der eigentlich aufgehört, mit *Playmobil* zu spielen? War das gestern? Ich sehe mich um. Der Eishockeyschläger liegt in der Ecke, die meisten Klamotten auch. Und mein Sohn sammelt scheinbar Cola-Flaschen. Räumt der nie auf? Auf seinem Schreibtisch das totale Chaos. Wo macht der eigentlich seine Hausaufgaben? O Gott, der macht doch seine Hausaufgaben, oder?!

»Was ist denn?« Nicos Stimme reißt mich aus meinen Gedanken.

»Deine Mutter meint, wir sollten uns mal unterhalten.« Jetzt habe ich es gesagt, jetzt gibt es kein Zurück.

Ich setze mich auf sein zerwühltes Bett. Hatte der nicht neulich noch in so abgewetzter *Alf*-Bettwäsche geschlafen? Und wo ist eigentlich die mit den blauen Hasen geblieben? Diese hier ist einfach nur blau, keine Hasen. Einfarbig.

»Warum, ist was passiert?« Nico sieht mich mit einer Spur Misstrauen an.

»Nein, nichts passiert«, sage ich hastig.

Puh, warm hier. »Kannste mal die Heizung runterdrehen?«, frage ich ihn.

»Papa, es ist Mai. Die Heizung ist gar nicht mehr an.« Nico guckt mich verständnislos an.

»Na, wer weiß, vielleicht biste mal dagegengekommen oder so.«

Sorgenvoll sieht mein Sohn mich an.

Um Zeit zu schinden, stehe ich auf, kontrolliere den Heizkörper. Ist aus. Natürlich ist der aus. Ich mache das Fenster auf und gleich wieder zu. Setze mich wieder aufs Bett. Nico wirft mir einen fragenden Blick zu.

»Ja, weißte, Nico, es ist ja so ...« Okay, wie fange ich das jetzt an? Hätte ich mir mal was aufgeschrieben!

Nico zieht seine rechte Augenbraue hoch. Von wem hat der das? Ich kann das nicht!

»Also, du und Jule, ihr seid jetzt ja schon 'ne ganze Zeit zusammen ...« Ich sehe ihn fragend an.

»Ja, drei Monate.« Nico guckt mich aufmunternd an.

»Genau!«

O Gott, ich darf das Atmen nicht vergessen.

Ich räuspere mich und beginne von Neuem: »Und jetzt hast du ja gestern gefragt, ob Jule hier auch übernachten darf. Und natürlich haben Irene und ich auch gar nichts dagegen. Natürlich nicht. Vorausgesetzt natürlich, dass Jules Eltern auch nichts dagegen haben.«

YES! Der Anfang ist gemacht!

Ich bin gut drin und rede einfach weiter: »Ja, und wenn Jule dann hier schläft, dann wollt ihr vielleicht irgendwann auch mal miteinander schlafen.«

Puh, Luft holen nicht vergessen. Einatmen. Ausatmen. Gut so.

Nico sieht mich mit ausdruckslosem Gesicht an.

Lächelt der da gerade? Nee, sah aber kurz so aus. Wo war ich? Ach, genau.

»Ja, also nicht schlafen, sondern miteinander schlafen ... ich meine, ach Herrgott, ihr werdet irgendwann Sex haben.«

»Ja, davon ist auszugehen«, entgegnet Nico, ohne auch nur eine Miene zu verziehen, und schaut mich weiter interessiert an.

»Okay, prima.« Jetzt bin ich wieder in der Spur. »Und wenn es dann so ist, dann sollte es schön sein. Das erste Mal, meine ich. Das ist etwas Besonderes. Also bei mir damals, ich war da neunzehn, das war vor deiner Mutter, ich war sooo aufgeregt, dass einfach gar nichts ging, verstehst du? Aber das ist gar nicht schlimm, denn dann versucht man es später noch mal, und wenn man gar nicht nachdenkt, dann geht es.«

»Ich soll also nicht nachdenken, wenn ich mit Jule schlafe«, fragt Nico nach.

»Wie ... äh, nein, ach Gott, nachdenken sollst du schon, aber vorher!«

»Ich soll schon vorher darüber nachdenken, ob ich später vielleicht keinen hochkriege?«

»Nein, ich meine, ich meine ...« Ich hänge.

Nico sieht mich nur an, da ist sie wieder, diese Augenbraue.

»Sag mal, Nico, verarschst du mich?!«, frage ich meinen Sohn.

»Nein. Über was soll ich denn nachdenken?«, kommt es misstrauisch von ihm.

»Na, über Verhütung zum Beispiel!«

»Kondome. Habe ich.«

MOMENT MAL! Hat mein Sohn nicht gerade noch letzte Woche im Schwimmbad immer Brausepulver gekauft, und mussten wir nicht noch fast einen Kredit aufnehmen, damit er sich diese Unmengen an *Pokémon*-Karten kaufen konnte? Wie, der hat schon Kondome! Woher denn?

»Woher denn?«

»Drogerie. Wieso – wo kaufst du die denn?«

»Bei Rossmann, da haben die die von Blausiegel, die sind ... Ach, das ist doch völlig egal. Wo war ich?«

»Beim Nachdenken.«

»Genau, also Nico, wenn ihr zusammen schlafen wollt, und ihr habt auch schon Kondome besorgt, dann ist es ganz wichtig, dass du ein paar Dinge beachtest. Ganz wichtig: Jules Fingernägel! Wenn die lange und spitze Nägel hat, lass sie da nicht ran! Also an das Kondom, meine ich! Und achte darauf, dass du das richtig rum abrollst, und oben an diesem kleinen Zipfel musst du es festhalten. Das ist ganz wichtig. Warte mal.«

Ich springe auf und renne schnell runter in die Küche. Ach, wer hat denn die letzte Banane gegessen? Kühlschrank. Zucchini. Die ist aber groß, ach Scheiße, wenn ich die nehme, kriegt er nachher noch Komplexe und wirklich nie wieder einen hoch, und ich bin dann für alle Zeit dafür verantwortlich, dass mein Sohn eine sexuelle Störung hat. Ach, dahinter ist noch eine vom Bio-Bauern, die ist klein und mickrig, geht vielleicht. Schnell wieder hoch, jetzt sind wir gerade so gut drin.

»So, da bin ich wieder«, keuche ich und halte triumphierend die Zucchini in die Höhe.

Nico sieht mich an, als wäre ich nicht ganz dicht.

»Jetzt gib mir mal 'n Kondom bitte«, sage ich.

Er braucht genau 0,3 Sekunden, um eines zu finden. Ist das jetzt ein gutes oder ein schlechtes Zeichen?

Ich reiße die Packung auf. Mit der Hand natürlich, nicht mit den Zähnen.

»Nicht mit dem Zähnen!«, sage ich laut und ein bisschen drohend und hole das Kondom aus der Packung. Zum Überstreifen und Zucchini festhalten bräuchte ich jetzt aber drei Hände. Ich blicke mich suchend um. Keine dritte Hand da. »Warte.«

Ich klemme mir die Zucchini zwischen die Beine, halte den Zipfel fest und rolle das Kondom ab. »So, siehste! Ganz einfach.«

»Toll, Papa«, kommt es vom Schreibtischstuhl. Wie meint er denn das?

Ja, und jetzt kommt der schwierigste Teil. »Und wenn du dann ... also, wenn du ...« Wie sage ich das jetzt? Abgespritzt hast? Fertig gefickt hast? Gekommen bist? Zu Ende gebumst hast?

»Wenn du dann ejakuliert hast, ist es wichtig, dass du das Kondom beim Rausziehen aus ihrer ... äh ... also, dass du das dann festhältst!«

Nico nickt. »Biste fertig?«

Ich habe es geschafft! Hurra! Okay, ich bin schweißgebadet, aber hey, egal – geschafft! Ich habe meinen Sohn aufgeklärt! Jetzt weiß er alles, was er wissen muss! Ich bin ein grandioser Vater!

»Prima, mein Sohn, dann wünsche ich dir viel Spaß, und macht euch keinen Stress. Ihr habt Zeit.«

»Alles klar, Papa, vielen Dank.« Nico dreht sich wieder zu seinem Bildschirm.

Ich stehe in der Tür und kann mein Glück kaum fassen. Erziehungsratgeber. Pah, lächerlich!

So wird's gemacht!

Ich sehe auf den Hinterkopf meines jetzt frisch aufgeklärten Sohnes. Ach, der ist aber auch wieder gewachsen in letzter Zeit.

Jetzt drehen sich der Hinterkopf und der Rest von Nico um. »Ist noch was?«

»Nee, nee, alles klar.«

Ich gehe runter ins Wohnzimmer. Irene liest immer noch die *Brigitte*.

»Und, wie war's?«, fragend sieht sie zu mir auf.

»Leicht, ein Kinderspiel.«

***

Ich höre jemanden die Treppe hochkommen. Leider ist das nicht Jule, die es sich anders überlegt hat. Das merke ich schon am Gang, dass das nicht Jule ist. Zu viel Gewicht, zu starke Tritte. Will mein Vater zu mir?

Es klopft. Okay, er will zu mir.

Boah, was will der bloß, kommt ja selten in mein Zimmer, und wenn doch, dann ist immer was. Ach Scheiße, die Bong von gestern. Wo packe ich die hin? Ach, merkt der eh nicht, zu viele Flaschen. Da fällt die gar nicht auf. Einfach nichts anmerken lassen.

»Ja!?«

Mein Vater kommt rein und sieht irgendwie nervös aus.

»Was ist denn?«, frage ich ihn.

»Deine Mutter meint, wir sollten uns mal unterhalten«, sagt mein Vater.

Ach, Scheiße, das klingt ja ernst.

»Warum, ist was passiert?«, ich gucke ihn fragend an.

»Nein, nichts passiert«, sagt er hastig und beschwert sich über die Hitze im Raum. Hitze? Was für eine Hitze? Verstehe ich nicht.

»Papa, es ist Mai. Die Heizung ist gar nicht mehr an.«

»Na, wer weiß, vielleicht biste mal dagegengekommen oder so.«

O Gott, ist der jetzt senil oder so? Jetzt läuft er durchs Zimmer und kontrolliert alle Heizkörper. Was, verfluchte Scheiße, will der bloß?

»Ja, weißte Nico, es ist ja so ...«, fängt er an und hört gleich wieder auf.

»Also, du und Jule, ihr seid jetzt ja schon 'ne ganze Zeit

zusammen ...« Okay, irgendwas mit Jule ... aber nichts Schlimmes, was zum Geier will mein Vater?

»Ja, drei Monate.« Ich sehe ihn aufmunternd an.

»Genau. Und jetzt hast du ja gestern gefragt, ob Jule hier auch übernachten darf. Und natürlich haben Irene und ich auch gar nichts dagegen. Natürlich nicht. Vorausgesetzt natürlich, dass Jules Eltern auch nichts dagegen haben.«

Nee, Papa, da musste dir keine Sorgen machen, ich habe schon zigmal bei Jule gepennt, immer dann, wenn ihr dachtet, ich bin bei Philipp, und die Eltern von Jule sind fast nie da, gehen ständig aus, und denen ist es auch scheißegal, ob Jule nun hier schläft oder nicht. Die sind da nicht so spießig. Die interessiert das herzlich wenig, dass ich dann bei Jule in ihrem Bett schlafe. Und Jule hat ein schönes Bett, so ein altes aus Messing. »Fesselbett«, nennt das mein Kumpel Luke. Jule würde das anders nennen. Letztlich kommt es aufs Gleiche raus, und ich meine, wer steht da nicht drauf ... klar wissen Jules Eltern das nicht. Und die wollen bestimmt auch gar nicht wissen, dass ihre Tochter – also was die mit dem Mund, die kann nicht nur küssen, die traute sich was. Als sie das erste Mal meinen Schwanz in den Mund nahm, da fühlte sich das zunächst gar nicht anders an, als mit ihr zu schlafen, auch weich und warm, aber Jule küsste und streichelte, und als sie da mit ihrem Zungenpiercing rumspielte, war das mit Abstand das irrste Gefühl, das ich je hatte. Ich weiß gar nicht, was ich geiler fand, das Gefühl selber, ihre Lippen und ihre Zunge, der Atem ... oder einfach das Gefühl, ihr ausgeliefert zu sein.

»Ja, und wenn Jule dann hier schläft, dann wollt ihr vielleicht irgendwann auch mal miteinander schlafen.« ACH DU GROSSE SCHEISSE!!! Boah, der will doch nicht ... oh nee,

194

der will mich doch jetzt nicht echt aufklären oder so? Oder mir einen Vortrag halten! BITTE NICHT!!! Ich gelobe feierlich, nie wieder zu lügen, nur noch am Wochenende zu kiffen und in Zukunft auch mal den Müll rauszubringen, nur bitte, bitte sprich nicht weiter ...

Ich sehe ihn mit ausdruckslosem Gesicht an.

»Ja, also nicht schlafen, sondern miteinander schlafen ... ich meine, ach Herrgott, ihr werdet irgendwann Sex haben.«

Ach Papa, jetzt sei doch nicht so verklemmt: ficken, sag einfach ficken.

»Ja, davon ist auszugehen, denke ich«, sage ich. »Okay, prima«, sagt mein Vater und legt jetzt richtig los. »Und wenn es dann so ist, dann sollte es schön sein. Das erste Mal, meine ich. Das ist etwas Besonderes.«

Ach, Papa!

Als ich das erste Mal gefickt habe, war ich vierzehn. Das war auf Daniels Geburtstagsparty. Jenny, Daniels ältere Schwester. Und das war auch etwas Besonderes, das kannste mir glauben! Die war echt der Hammer und definitiv nicht mehr Jungfrau, auch wenn sie das später behauptet hat. Ich bin schon das erste Mal gekommen, da war ich gerade mal ungefähr zwölf Sekunden drin. Die bewegte sich auf mir, als würde sie nie was anderes machen, und PENG! Wie eine Explosion.

»Also, bei mir damals, ich war da neunzehn, das war vor deiner Mutter, ich war sooo aufgeregt, dass einfach gar nichts ging, verstehst du? Aber das ist gar nicht schlimm, denn dann versucht man es später noch mal, und wenn man gar nicht denkt, dann geht es.« NICHT LACHEN.

»Ich soll also nicht nachdenken, wenn ich mit Jule schlafe«, hake ich nach. Nicht lachen. BLOSS NICHT LACHEN.

»Wie ... äh, nein, ach Gott, nachdenken sollst du schon, aber vorher!«

»Ich soll schon vorher darüber nachdenken, ob ich später vielleicht keinen hochkriege?«, frage ich ihn.

»Nein, ich meine, ich meine ...« Mein Vater ist ganz rot im Gesicht und hat Schweißperlen auf der Stirn. Ich stelle mir folgende Krankenhausszene vor:

Ein Arzt sieht meinen Vater, der im Krankenhausbett liegt, sorgenvoll an: »Ja, Herr Bergmann, kurz vor dem Herzinfarkt, was haben Sie da gemacht? Bungeespringen? Marathon?«

Und mein Vater antwortet: »Ich habe meinen Sohn aufgeklärt.«

»Sag mal, Nico, verarschst du mich?!«, fragt er mich.

Nein. Es ist nur ...

»Nein, über was soll ich denn nachdenken?«

»Na, über Verhütung zum Beispiel!«

»Kondome. Habe ich.« Und jetzt auch endlich welche mit so einem Ring, die rutschen nicht so schnell ab. Einmal habe ich mit Jule so richtig schön gevögelt, erst von hinten und dann sie auf mir, und als ich dann gekommen bin und sie übrigens auch, da blieben wir noch einen Moment so liegen. War aber zu lange, Kondom weggerutscht. Beim Rausziehen war es einfach nicht mehr da. Das Wort Panik bekam eine ganz neue Dimension. Große Heulerei, und am nächsten Morgen haben wir beide die Schule geschwänzt und sind gleich zum Frauenarzt. Und was soll ich sagen: Wir hatten einfach Glück. Die Frauenärztin hat einen Ultraschall gemacht oder so, und man konnte da wohl sehen, dass Jule ... ach, keine Ahnung, die hatte da ihren Eisprung noch nicht oder so. Auf jeden Fall keine Gefahr, kein Baby. Das war sooo krass, das ist mir genau einmal passiert, das passiert mir echt nicht noch mal!

»Wo war ich?«, fragt mein Vater.

»Beim Nachdenken«, antworte ich.

»Genau, also Nico, wenn ihr zusammen schlafen wollt, und ihr habt auch schon Kondome besorgt, dann ist es ganz wichtig, dass du ein paar Dinge beachtest. Ganz wichtig: Jules Fingernägel! Wenn die lange und spitze Nägel hat, lass sie da nicht ran! Also an das Kondom, meine ich! Und achte darauf, dass du das richtig rum abrollst, und oben an diesem Zipfel musst du es festhalten. Das ist ganz wichtig. Warte mal.«

Der springt auf und rennt schnell die Treppe runter. Oh nein, der holt jetzt aber keine Banane, oder?! Wenn der jetzt mit einer Banane wiederkommt, dann …

»So, da bin ich wieder«, keucht er.

Nee, das ist jetzt nicht echt eine Zucchini, die der da in der Hand hat, oder?! Oh Papa!

»Jetzt gib mir mal 'n Kondom bitte«, sagt er. Nun muss ich mit ansehen, wie sich mein Vater fast einen abbricht, als er versucht, der Zucchini ein Kondom überzuziehen. Jule kann das inzwischen mit dem Mund und sogar ohne Hände. Mit Händen macht es aber mehr Spaß. Ob ich meinem Vater vorschlage, er soll es mal mit dem Mund versuchen? Nee, lieber nicht, habe sofort wieder das Krankenhausbild vor mir.

»Toll, Papa.« Jetzt komme ich mir ein bisschen so vor wie ein Hundetrainer in der Hundeschule. »Fein, Bello, fein gemacht, da kriegste jetzt ein Leckerli.«

Mein Vater ist endlich fertig mit Rollen, guckt stolz von seiner Zucchini auf. »Und wenn du dann … also, wenn du …« Ach Papa, spuck es aus – abgespritzt hast? Fertig gefickt hast? Gekommen bist? Zu Ende gebumst hast?

»Wenn du dann ejakuliert hast, ist es wichtig, dass du das Kondom beim Rausziehen aus ihrer ... äh ... also, dass du das dann festhältst!«

Papa, du kannst es ja nicht sehen, aber innerlich habe ich schon Muskelkater vom Lachen, das kommt in so Wellen hoch und ist immer schwerer zu unterdrücken.

Ich nicke. »Biste fertig?«

»Alles klar, mein Sohn, dann wünsche ich dir viel Spaß und macht euch keinen Stress. Ihr habt Zeit.«

Ja, die haben wir. Wenn Jules Eltern nicht da sind oder wir mit dem Rad zu ihr fahren. Da kommen wir immer an den Weizenfeldern vorbei, da ist echt kein Mensch weit und breit. Da haben wir es schon mit viel Zeit gemacht und mit wenig Zeit.

»Alles klar, Papa, vielen Dank.« Ich drehe mich wieder zu meinem Bildschirm. Mein Vater steht immer noch in der Tür und sieht mich an. Das spüre ich, da muss ich nicht mal hingucken. »Ist noch was?«, frage ich ihn.

»Nee, nee, alles klar«, sagt er und geht. Ich höre, wie er die Treppe heruntergeht. Früher ist er mit mir manchmal auf dem Geländer runtergerutscht, wenn Mama nicht zu Hause war. Das fand ich als Kind ganz toll, mein Vater – ein großes Kind. Jetzt sind wir schon lange nicht mehr das Geländer runtergerutscht, irgendwie schade.

Ich will gerade wieder anfangen, *Grand Theft* zu spielen, da ruft meine Mutter von unten, dass ich den Tisch fürs Abendbrot decken soll. »Ja, komme gleich!«, rufe ich in voller Lautstärke zurück. Und komme natürlich nicht gleich, sondern zocke noch eine Runde.

Schon steht mein Vater wieder vor der Tür und steckt den Kopf rein: »Mama sagt, ich soll dich holen.«

»Ich komme ja schon!«, grummele ich und fahre den Computer runter.

Als wir nebeneinander auf der Treppe stehen, sehen wir beide die Stufen hinunter, mein Vater streicht andächtig über das Geländer und dann grinsen wir uns an.

»Du zuerst«, sagt mein Vater.

THOMAS FUCHS
ABGEFAHREN

Noemi ist irre romantisch. Ich eher weniger. Aber sie ist meine Freundin, und wenn die Freundin Romantik will, dann ist der Freund halt auch romantisch.

Noemi hat dafür gesorgt, dass unser erstes Mal total romantisch war. Sie hatte das richtiggehend durchgeplant. Bei ihr. Die Eltern waren übers Wochenende auf einer Tagung. Wir haben gemeinsam gekocht, dann haben wir einen romantischen Film gesehen, zusammen auf dem Sofa. Nach dem Film war Baden angesagt, mit Kerzen am Wannenrand, Rosenduft und leiser Kuschelmusik aus dem CD-Player, alles ganz zärtlich und schön, und immer wieder haben wir uns gestreichelt und geküsst. In ihrem Zimmer hatte sie ebenfalls Kerzen angezündet und Rosenblätter auf dem Boden verteilt. Ja und dann sind wir nackt in ihr Bett, haben uns unter die Decke gekuschelt und geküsst. Sie hat sich cool angefühlt. So warm und zart, und ihre Brüste waren fest und gleichzeitig so unendlich weich. Ihre Hand ging irgendwann zwischen meine Beine, sie hat an meinen Brustwarzen geknabbert, und wenn ich's vorher nicht schon war, spätestens da wurde ich total geil. Langsam bin ich mit meinen Händen die Innenseite ihrer Beine hinauf und habe sie gestreichelt. Erst vorsichtig und sachte, dann etwas schneller. Und als ich spürte, dass sie richtig feucht war, bin ich langsam in sie rein. Das war der pure Wahnsinn. Wenn man das zum ersten Mal spürt, da gehen echt die Lampen an. Erst ist da dieser Widerstand, dann weitet es sich und irgendwann ist man total drin. Man fühlt den anderen, Noemi hat gekeucht und sich an mir festgehalten. Ich hätte ewig so bleiben mögen und zugleich wollte ich mich aber auch bewegen. Dann spürte ich, wie sie mich in sich umklammerte, und da knallte es auch schon in mir. Eine Lawine rollte von den Füßen den Rücken hinauf in meinen Kopf und wieder runter. Als ich die Augen öffnete, sah ich in Noemis Gesicht. Sie strahlte stolz und flüsterte: »War es für dich auch so schön?«

Ich weiß nicht, wem und wie oft Noemi inzwischen von unserem ersten Mal erzählt hat. Ich fürchte, jedem. Und auch mit mir will sie immer wieder darüber reden. Gestern Abend beispielsweise, nachdem wir es bei mir im Bett gemacht hatten. Wir lagen nebeneinander und sie fragte: »Denkst du auch so oft an unser erstes Mal?«

Ich habe geantwortet: »Klar ...«

»Weißt du, ich habe mal gelesen ...«, flüsterte sie zufrieden, »an das erste Mal erinnert man sich sein ganzes Leben lang. Ist das nicht toll, dass unser erstes Mal so schön war?«

»Ja, das ist wirklich schön«, murmelte ich.

»Und in dem Artikel schrieben die auch, dass einen das für sein ganzes Leben prägen würde. Dass manche Menschen auch später auf der Suche nach diesem Gefühl wären, es irgendwie wiederhaben, wiederholen wollten.«

»Meinst du?«, fragte ich.

»Ja«, seufzte sie glücklich. »Wie gut, dass es bei uns so schön war ...«

Dann schlief sie ein. Ich dagegen lag wach neben ihr und starrte an die Decke. Natürlich erinnerte ich mich an mein erstes Mal. Nur hatte ich in mir noch nie die Sehnsucht verspürt, es zu wiederholen. Womit ich nicht meine, dass ich nicht gerne mit Noemi im Bett war. Nur ... Vor *unserem* ersten Mal hatte ich noch *mein* erstes Mal. Ich habe Noemi nie davon erzählt und werde es auch nie tun. Genauso wenig, wie ich es sonst jemandem verraten habe. Außer mir weiß nur eine Person davon, und ich denke, auch die hat keinen Anlass, es herumzuerzählen.

Genau genommen war es auch kein richtiges erstes Mal. Und dennoch irgendwie schon. Aber wiederum auch nicht so, dass ich Noemi damals direkt angelogen hatte, als sie mich fragte, ob ich bereits mit einer Frau geschlafen habe. Das mit ihr war schon das erste Mal und doch gibt es dieses andere Mal ...

Als ich fünfzehn war, lebten meine Eltern eine Zeit lang getrennt. Nicht weil sie sich nicht mehr verstanden hätten, sondern weil meine Mutter wegen ihres Jobs ein halbes Jahr in Dresden arbeitete. Sie hatte dort ein wichtiges Projekt betreut und war unabkömmlich. Nicht einmal über die Wochenenden ist sie heimgekommen. Mein Vater arbeitet als Krankenpfleger im Schichtdienst und von drei Wochenenden ist er zwei in der Klinik. Und so hatten wir uns darauf geeinigt, dass ich alle vierzehn Tage über Samstag und Sonntag zu meiner Mutter nach Dresden fuhr. Freitags um 15:03 in den ICE und am Sonntagnachmittag zurück.

Wenn man so regelmäßig mit dem Zug pendelt, dann merkt man nach einiger Zeit, dass auch andere regelmäßig diese Strecke fahren. Man sieht sich schon am Bahnhof, sitzt im Großraumwagen oft denselben Leuten gegenüber. Und da ist mir diese Frau aufgefallen. Sie saß immer mit ihrem kleinen Notebook ein paar Reihen weiter und hat irgendwelche Tabellen getippt. Sie sah gut aus. Richtig gut. Sie war etwa Mitte zwanzig, schätze ich, die Haare so ein Prinz-Eisenherz-Haarschnitt. Was etwas störte, war die Nase, die war ziemlich groß. Auf den ersten Fahrten habe ich diese Frau nur nebenbei wahrgenommen. Da war ich entweder mit meinem iPod oder einem Buch beschäftigt und anfangs habe ich auch nie darauf geachtet, in welchen Wagen ich eingestiegen bin, habe mich einfach irgendwo hingesetzt. Diese Frau dagegen saß immer am gleichen Platz, wie mir irgendwann auffiel, Großraumwagen Nummer 32, Tisch, der Platz am Gang.

Und so habe ich angefangen, mich auch immer wieder in Wagen 32 zu setzen. Ich weiß nicht, warum, aber ich fing an sie zu beobachten. Kein Stalken oder Begaffen, nein, mir genügte hin und wieder ein kurzer Blick zu ihr hinüber. Ich dachte nicht, dass sie etwas davon merken würde. Es waren kurze Momente, dann hatte ich ihren Anblick eingefangen, mich ihrer vergewissert, sodass ich sie in meinem Kopf hatte. Dann konnte ich entspannt die Augen schließen und den Film in meinem Kopf abfahren, in die Endlosschleife legen. Die Frau mit der etwas großen Nase spielte darin die Hauptrolle. Ich malte mir aus, was sie unter ihrem schwarzen Rock und der weißen Bluse tragen würde. Ich stellte mir vor, wie ihre Brüste aussahen, merkwürdigerweise waren sie immer anders und neu. Mal waren es so richtig große Silikonmelonen, dann wieder kleine und feste. Ich konnte spüren, wie die Brustwarzen fest und hart wurden, ich roch ihre Haut, vergrub mein Gesicht zwischen ihnen. Ich überlegte, wie sie sich im Bett bewegen würde und wie ihre Stimme war und ob sie laut stöhnen würde ... Kurz, wir hatten Sex miteinander, heftig, wild, leidenschaftlich, immer geil, immer gut. Jede Fahrt, bis sie dann in Radebeul bei Dresden ausstieg. Mir war klar, daraus würde nie etwas Echtes werden, ich war fünfzehn, sie eine erwachsene Frau. Aber die Gedanken sind frei, sagt meine Mutter immer. Der Mensch darf denken, was er will. Und ich dachte eben gerne an sie. Es war echt super mit ihr. Sie war eine super Frau und der Wahnsinn im Bett. Sie war total wild und scharf auf mich und ihre Brüste waren einfach irre. Besonders wenn sie auf mir saß. Sie war lieber oben, wenn wir miteinander im Bett waren. Dann drückte sie mir ihre Brüste ins Gesicht und das machte mich total verrückt. Meist gab sie das Tempo vor, schlug vor, was wir noch alles ausprobieren könnten. Aber wir waren nicht nur im Bett zugange. Sie wollte auch an anderen Orten mit mir schlafen. Im Kaufhaus in der Umkleidekabine, im Flugzeug in der Toilette oder im Park am helllichten Tag im Gebüsch. Sie war einfach unersättlich.

Jeden zweiten Freitag bestieg ich also den Zug und hoffte, sie wäre da. Und sie war da, jedes Mal, wenn ich den Großraumwagen 32 betrat. Ich setzte mich auf meinen Platz, zückte mein Buch und versank in einer Art Meditation. Nur dass in meinem Kopf anstatt Leere der geilste Sex war, den man sich nur vorstellen kann. Manchmal kam ich in diesen Momenten ohne jedes weitere Zutun, manchmal musste ich mich aufs Klo verdrücken, da ich es nicht mehr länger aushielt. Dann hielt der Zug in Radebeul, sie stieg aus und ich war wieder allein, musste wieder zwei Wochen warten. Denn zu Hause, in meinem Bett, außerhalb des Zuges, klappte das mit dem Kopfkino nicht. Das hatte ich schon nach wenigen Wochen feststellen müssen. Da konnte ich so oft an sie denken, wie ich wollte, der Film lief nicht an, ich hatte kein Bild von ihr. Ich brauchte sie in echt und mir schräg gegenüber. Ich brauchte diese kurzen Blicke auf sie, das Erhaschen eines Details, das ich umgehend in meine Inszenierung einbauen konnte, eine Geste mit der Hand, das Aufblitzen des Knies unter dem Rock, die Abdrücke des BHs unter dem engen Pulli. Vielleicht fehlte mir Fantasie, hatte ich ein miserables Vorstellungsvermögen, aber Fakt war, es ging einfach nicht. Nur wenn ich sie in Wirklichkeit sah, konnte ich von ihr träumen.

Tja, und dann kam dieser eine Nachmittag. Ich hatte wieder meinen Platz eingenommen und voller Erleichterung festgestellt, dass sie da war, wie immer. Sie trug diesmal ein geblümtes Kleid. Viele kleine blaue Blumen auf weißem Untergrund. Ich saß auf dem Viererplatz drei Reihen von ihr entfernt, legte mein Notebook auf den kleinen Tisch, tat beschäftigt, und dann, nachdem die Vorschau, die Werbung und die kurze Eisverkaufspause in meinem Kopf vorbei war und der Hauptfilm beginnen sollte, riskierte ich einen kurzen Blick zu ihr.

Es war ein Volltreffer, denn sie sah in diesem Moment auch zu mir herüber. Unsere Blicke kreuzten sich und es war wie ein kurzes heimliches Berühren. In all den Wochen des Beobachtens hatten wir nie Blickkontakt miteinander gehabt, und ich hielt diesen Kontakt auch nur kurz aus, dann wurde es mir zu heftig. Ich schloss die Augen und nahm ihren Blick mit in meinen Film. Die Flut der Bilder, die durch mein Hirn jagten, waren intensiver als je zuvor, es war, als hätte der Filmvorführer plötzlich auf 3-D und Dolby Surround umgestellt. Die Farben waren intensiver, ebenso die Geräusche. Ich spürte, wie wohlige Schauer durch meinen Körper fuhren, und sank zufrieden in meinen Sessel.

Nach den ersten großartigen Minuten in meinem Film brauchte ich Nachschub, Input, einfach neue Inspiration und öffnete die Augen wieder. Der Schock ließ mich in meinem Sitz zusammenzucken. Sie hatte sich auf den Platz auf der anderen Seite des Ganges gesetzt, hätte ich meine Beine bewegt, ich hätte sie berühren können.

Ich musste schlucken, überlegte, was ich sagen könnte. Ob ich überhaupt etwas sagen sollte, ob ich ein schlechtes Gewissen haben müsste, ob sie sauer auf mich war, ob ich mich irgendwie verraten hatte.

Unsicher sah ich zu ihr hinüber, ihre grün-braunen Augen hatten auf mich gewartet und dann lächelte sie.

Ich schnappte ungewollt nach Luft.

»Alles okay?«

Ihre Stimme passte nicht zu ihrem Körper. In meiner Vorstellung war es eine tiefe, raue Stimme, mit der sie sprach. Nun in echt war es ein hohe, etwas krächzende Stimme, die aber zu meiner Überraschung perfekt zu ihrer Nase passte.

»Stört es dich, wenn ich hier sitze?«

Ich schüttelte den Kopf.

»Vermutlich fragst du dich, warum ich es tue?«

Ich nickte.

»Nun, wir kennen uns ja nun schon eine Weile ...« Ich gab keine Antwort, mein Mund war wie ausgetrocknet. Was würde jetzt kommen? Konnte sie Gedanken lesen? Hatte sie gemerkt, was ich in den letzten Wochen alles mit ihr getan, alles von ihr geträumt hatte?

»Ich bin ja nicht blöd.«

Ich zog es vor weiter, nichts zu sagen, was heißt ich zog vor, ich war außerstande zu sprechen, gelähmt, paralysiert, starrte sie an wie das Kaninchen die Schlange und konnte nur darauf hoffen, dass der Zug entgleisen und diese Peinlichkeit beenden würde.

»Weißt du, erst fand ich das etwas merkwürdig, dann schmeichelhaft. Aber in Wahrheit bin ich richtig sauer auf dich.« Sie beugte sich über den Gang hinweg zu mir herüber.

»Ich finde dich egoistisch.« Sie zog ihre Stirn in Falten, was ihre Nase total veränderte. »Ich bin ein Spielzeug für dich und trotzdem sprichst du mich nicht an. Aber warum nicht? Ist was mit mir? Gefalle ich dir nicht wirklich? Andererseits siehst du so zufrieden und glücklich aus, wenn du mich ansiehst. Ist doch so, oder?«

Ich wagte ein leichtes Nicken.

»Danke!« Erleichtert lehnte sie sich zurück. »Dann habe ich das richtig interpretiert ... Du und ich ...«

Ich nickte erneut.

»Das beruhigt mich ungemein.« Sie lächelte mich in einer Art an, dass ich schlucken musste.

»Weil, dann muss ich mich ja nicht schämen. Dafür, dass ich auch irgendwann angefangen habe ... also du und ich.«

Ich hörte auf zu atmen, starrte auf ihre Nase. Erst jetzt fiel mir auf, dass wir ganz allein im Abteil waren.

»Ich fahre jedes Wochenende diese Strecke. Ich weiß, wie langweilig das Pendeln ist. Verständlich, wenn man sich da die Reise etwas aufhübscht, zumindest in Gedanken.«

Ich spürte, wie die Erektion in meiner Hose wuchs und wuchs, und hoffte, dass sie es nicht bemerken würde.

Doch offenbar war ihr das nicht verborgen geblieben, denn sie seufzte: »Tja, was für eine eigenartige Situation. Da sitzen wir beide so viele Male zusammen in diesem Zug, denken beide das Gleiche und ...«

»Und?«, krächzte ich.

»Und nichts passiert. Oder doch?« Sie sah für einen Moment aus dem Fenster, dann wandte sie sich wieder mir zu. »Ich habe mich gefragt, ob du eine Freundin hast ... nein, sag nichts. Ich will es gar nicht wissen.«

Ich schluckte.

»Ehrlich gesagt, ich frage mich jetzt sogar eher, ob es überhaupt eine gute Idee war, mich zu dir zu setzen.«

»Für mich schon«, flüsterte ich.

»Beruhigend.«

Wir schwiegen eine Weile und dann sagte sie: »Ich habe mich immer gefragt, ob wir wohl ähnliche Vorlieben haben ...«

»Wie ...«

»Ich weiß, das ist seltsam, aber vielleicht ...«

»Das weiß ich nicht«, antwortete ich.

»Woher auch.« Sie beugte sich vor. »Wollen wir tauschen?«

»Wie tauschen?«

»Na, austauschen.« Ihr rechter Nasenflügel begann zu zucken. »Deine Gedanken für meine Gedanken.«

»Ich weiß nicht, ob ich das kann«, murmelte ich.

»Meinetwegen fange ich auch an.« Sie sah sich erneut suchend im menschenleeren Großraumabteil um. »Es ist wie jetzt auch. Wir fahren zusammen im Zug, ich arbeite, du beobachtest mich, das merke ich irgendwann. Dann gehe ich in den Speisewagen, auf dem Rückweg begegnen wir uns zufällig im Gang, neben uns ist ein leeres Abteil, der Zug ruckelt, wir stolpern hinein. Dann stehen wir dort, unsicher, beide erregt, aber blockiert. Keiner weiß mit der Situation umzugehen. Plötzlich wird es dunkel. Der Zug fährt in einen Tunnel ...«

»Auf der Strecke gibt es keinen Tunnel«, flüsterte ich leise.

»Ich suche Halt, berühre dich, du berührst mich. Ich spüre deine Hände auf meinen Körper, ich sage, nein, bitte nicht. Ich hab einen festen Freund, aber du hörst nicht auf. Du beginnst mich zu küssen, knöpfst mir die Bluse auf, küsst meinen Hals, meine Schultern, und ich möchte widerstehen, dir sagen, nein, lass das, ich bin zu alt für dich, aber du bist schon überall. Nichts kann dich aufhalten, du bist da, du willst mich, du bist reines Begehren. Und ich kann nicht anders, ich lasse dich. Ich lasse zu, dass du mir die Bluse ausziehst, mir den BH öffnest. Es wird wieder hell, ich sehe in deinen Augen diese unbändige Lust, dieses Verlangen, dennoch sage ich, nein, das dürfen wir nicht. Doch du sagst, dass dir das egal ist, dass du mich willst, dass du hier und jetzt mit mir schlafen willst.« Sie sprach leise und monoton, sah mich bei ihren Worten nicht an. Doch das war gut so, denn ich wusste nicht, ob ich den Blickkontakt mit ihr aushalten würde. In mir war Chaos, Unglauben und eine unfassbare Erregung. Noch nie in meinem Leben war ich derart geil.

»Du drückst mich auf die Sitze, reißt dir dein T-Shirt vom Leib und dann fühle ich deine Hand zwischen meinen Beinen.« Sie sah kurz zu mir herüber, aber ich hatte das Gefühl, dass sie mich nicht wirklich ansah. Ihre Augen waren irgendwie abwesend. »Ich spüre, wie du immer höher gleitest, deine Wärme, entschlossen drückst du meine Beine auseinander. Du knöpfst deine Jeans auf, küsst meine Brust, ich beginne zu stöhnen. Das treibt dich an, du schiebst meinen Rock ganz hoch und dann spüre ich ihn. Wie er in mich will, ihn, den ich so sehr brauche. Ein Feuerwerk blitzt an der Abteildecke auf, ich möchte vor Lust schreien, beiße dir in den Nacken, zerkratze vor Ekstase deinen Rücken, klammere mich an dir fest und du bist so wild, so feurig, so unaufhaltsam. Ich höre dich keuchen, spüre deinen schnellen Atem an meinem Hals, meine Schenkel umklammern dich, halten dich fest, verhindern, dass du nun schon kommst.« Ihre Stimme war tiefer geworden, heiser, Sex pur. »Du erwiderst den Druck, verlangsamst dein Tempo, schließlich hast du mich. Wir finden einen gemeinsamen Rhythmus, es geht höher und höher und dann ist es so weit. Wir kommen ...« Erschöpft verstummte sie. Feine Schweißperlen hatten sich auf ihrer Nase gebildet. Ich saß ihr paralysiert gegenüber, eine Riesenbeule in der Hose, wartete, wusste nicht, was ich sagen oder machen sollte. Draußen rauschte die Landschaft an uns vorbei und dann zuckte sie unvermittelt zusammen, raffte sich auf und mit den Worten »Ich gehe jetzt in den Speisewagen!« stand sie auf und verschwand.

Ich blieb sitzen, verdattert, erregt, glücklich. In meinem Hirn war Chaos, totales Durcheinander und dann die Frage: »Erwartet sie, dass ich nachkomme?«

Ich konnte nicht, ich bin erst sitzen geblieben, habe versucht die hochexplosive Ladung in Hirn und Hose mental zu entschärfen, dann jedoch habe ich meine Sachen genommen und mich den Rest der Fahrt bis Dresden auf dem Klo versteckt.

Die Frau habe ich nie wiedergesehen, bei keiner meiner nächsten Fahrten war sie im Zug. Ich habe sie gesucht, jedes Mal, doch es war, als hätte sie den Fahrplan gewechselt.

Doch im Grunde wollte ich sie gar nicht finden, ist mir später klar geworden. Das, was wir nicht miteinander hatten, war so gut gewesen, dass jedes wirkliche Erlebnis dagegen nur ein Abklatsch hätte seien können. Dass ich dennoch bei jeder Zugfahrt insgeheim nach ihr Ausschau halte, ist eine andere Sache. Noemi werde ich davon nie erzählen. Sie würde es nicht verstehen, es würde sie eifersüchtig machen. Für sie wäre das wie echt. Was es nicht war und wiederum doch.

FIONAS NACHT

Früher war die Welt noch in Ordnung, denn früher war ich einfach ich. Fiona Rosen. Ohne Tamtam. Meine Mutter geschieden und neu verheiratet in Australien. Mein Vater Pfarrer, einsam und dauerverärgert in unserem, seit dem Fortgehen meiner Mutter vor etlichen Jahren fast unveränderten und mittlerweile sehr unordentlichen Haus. Mein Bruder um einiges älter als ich, Student, und schon ausgezogen.

Und ich? Ich las viel, hörte viel Musik, schaute viele DVDs, hing viel herum. Einzige Laster waren zu viel Schokolade und zu viel Cola, und außerdem zu wenig Freunde. Und dann dieser Tick mit meiner Umgebung. Der Tick ist laut unserer Hausärztin eigentlich kein Tick, sondern ein Trauma. Mein Vater und ich sind mal nachts überfallen worden. Damals war ich gerade zehn, es waren drei Jugendliche, die entkamen und nie gefasst wurden. Ich werde diesen Abend nie vergessen. Es war ein paar Wochen nach dem Auszug meiner Mutter, wir kamen aus dem Theater und waren auf dem Heimweg, als diese Jugendlichen auftauchten, uns umkreisten, ansprachen, pöbelten und schließlich zuschlugen. Mich schlugen sie nicht, nur meinen Vater. Er brach sich ein Handgelenk und zwei Rippen, sein Gesicht war voller Blut. Zwanzig Euro erbeuteten unsere Angreifer, mehr nicht. Das

Geld war unwesentlich, die Veränderung meines Vaters dafür umso wesentlicher. Er wurde zittrig, fahrig und noch mutloser und resignierter, als er es vorher schon gewesen war. Kein Vorzeigepfarrer, aber die Leute in der Gemeinde mögen ihn trotzdem. Und ich? Ich habe seit dem Überfall eben diesen Umgebungstick entwickelt. Ich muss immer und überall wissen, was um mich herum ist und geschieht. Außerdem ertrage ich keine körperliche Nähe, keine Berührungen. Ich muss alles registrieren. Kontrollieren. Geräusche, Licht, Schatten, Bewegungen, Gegenstände. Um diese Dinge kreist mein Leben. Ich habe immer ein Gefühl von Gefahr und Angst und Unruhe in mir.

Ich bin längst nicht mehr einfach ich. Und ich mag mich nicht mehr besonders. Nein, wirklich nicht. Meine Figur, meine Haare, meine Augen, meine Haut, meine Stimme, an allem ist ein Haken, glaube ich.

Und ich bin auch längst nicht mehr Fiona Rosen. Sie nennen mich jetzt Greymouse, Graue Maus. Irgendjemand in meiner Klasse hat damit angefangen. Es sollte ein Witz sein auf der Klassenfahrt nach Rom. Ich fand es nicht sehr witzig, aber das war den anderen natürlich egal. Sogar die Lehrer rufen mich manchmal schon so. Es rutscht ihnen einfach raus, weil dieser Name so hartnäckig ist und an mir haftet wie eine Klette.

Schon seit über einem Jahr bin ich jetzt Greymouse. In einem Wort. Schnell gesprochen.

»Es ist doch nur ein Spaß«, sagen die Mädchen in meiner Klasse und lachen. Dass es mich kränkt? Ist ihnen egal. Oder sie denken nicht drüber nach. Ich weiß es nicht.

»Warum Greymouse?«, hat mich Armand gefragt. Armand ist mein Nachbar. Er ist eine Zumutung, sagen die aus meiner Klasse. Er hat zwei Klassen übersprungen, weil er so wahnsinnig klug ist, sein IQ ist bei fast 200, seine Eltern sind Musiker und sehr reich, sie erlauben Armand alles und überhäufen ihn mit Materiellem. Laptop, iPod, alles, was man sich wünschen kann. Dazu ist er flammend rothaarig, sehr sommersprossig und darunter furchtbar käsig, und auf einem seiner kleinen, blassgrünen Augen von Geburt an blind. Außerdem ist er riesig, fast zwei Meter groß, dabei ist er gerade erst sechzehn und wächst noch, er geht krumm und merkt es nicht einmal. Würde er gerade gehen, stieße er sich ununterbrochen den Kopf an. Und das weiß er schließlich.

»Dieser Armand ist mit Sicherheit der hässlichste Typ, den es auf der ganzen Welt gibt«, sagen die Mädchen in meiner Klasse oft, wenn sie ihn auf dem Schulhof sehen, und betrachten ihn mit angewiderten Gesichtern aus der Ferne. Armand aus der Dreizehnten, der eigentlich Armand aus der Elften wäre.

»Keine Ahnung, warum«, antwortete ich ihm an dem Tag, als er mir die Greymouse-Frage stellte.

»Wahrscheinlich weil du dich immer so geduckt und graumäusig und demütig gibst«, überlegte Armand und grinste mir über die Gartenmauer, die unsere Gärten voneinander trennt, hinweg zu.

Ich schwieg zu dieser Feststellung und ließ ihn stehen. Idiot, dämlicher.

Ich bin in unserem Garten. Hinter mir ist die alte, bröckelige Gartenmauer, die Sonne scheint ein bisschen, aber nicht sehr. Im Grunde ist der Himmel blass. Nur ab und zu schieben sich ein paar Sonnenstrahlen durch die Äste der hohen Bäume. Ansonsten herrscht ein indirektes, fahles Licht. Wenn ich den Kopf drehe, sehe ich Armands edles Haus und seinen Hund, der im gepflegten Garten schläft, und Armands teures Designermountainbike, das an einen Baum gelehnt dasteht.

Unser Haus ist still, mein Vater schreibt im ersten Stock an seiner Predigt für den Sonntag, sonst ist wie üblich niemand da.

Neben mir im Gras liegt mein Handy, das eigentlich das alte Handy meines Bruders ist. Wir haben nicht sehr viel Geld. Ich erbe viel von meinem Bruder. CDs, Filme, Bücher, sogar Klamotten ab und zu. Wir wohnen nur in dieser Villa, weil sie das Pfarrhaus dieses noblen Viertels ist. Die Villa nebenan, Armands Villa, ist wahnsinnig edel und prächtig.

Ich habe vergessen, von Wiebke zu erzählen. Wiebke ist die Einzige in der 11c, unserer Klasse, die mich nicht Greymouse nennt. Ich glaube, sie fühlt sich in irgendeiner Weise für mein mutterloses Leben mitverantwortlich. Wiebke wohnt auch in unserem Viertel und eigentlich müsste mir ihre Familie fast unheimlich sein. In Liebesdingen, meine ich. Meine Mutter hat sich damals wie verrückt in Wiebkes Onkel verliebt – und ich liebe Wiebkes älteren Bruder Fabian. Ebenfalls wie verrückt. Schon seit über einem Jahr ist das so. Mein Vater darf nichts davon erfahren. Er hasst diese Familie. Begreiflicherweise.

Fabian ist neunzehn. Und er sieht wahnsinnig gut aus. Er und Armand machen diesen Sommer beide ihr Abitur.

Fabian hat auch einen Spitznamen, Skywalker, und ich glaube nicht, dass er mich bis jetzt je bemerkt hat. Schließlich bin ich nicht umsonst die Greymouse. Klein, leise und scheinbar unscheinbar. Stumm und nachdenklich starre ich auf das Display meines Handys.

Kommst du nun zu unserer Party, Fiona?, hat Wiebke vor

ein paar Minuten gesimst. Die beiden geben jeden Sommer eine Party zusammen, aber es ist das erste Mal, dass ich überhaupt in Erwägung ziehe, hinzugehen. Bisher habe ich mich immer gedrückt. Partys, wie die Leute aus meiner Klasse sie feiern, sind nichts für mich. Alkohol, Haschisch, coole – idiotische – Sprüche, und früher oder später kotzen die meisten. Nein, dafür bin ich nicht der Typ. Außerdem weiß man bei solchen Gelegenheiten nie ganz genau, was alles um einen herum passiert. Schon beim Gedanken an das Chaos an Menschen auf solchen Festen wird mir schlecht.

»Die Greymouse ist öde«, sagen darum die Mädchen in meiner Klasse. Die Jungs beachten mich gar nicht erst.

Ich denke an Fabian und in meinem Bauch flattern Schmetterlinge, geheime Traumschmetterlinge. Warum sollte nicht ein Wunder möglich sein? Fabian und Fiona. Schön klingt das. Klänge das.

Ja, ich komme, antworte ich Wiebke schnell, ehe ich es mir wieder anders überlege.

Und ich gehe tatsächlich hin. Aufgeregt. Die Partys, auf denen ich bisher war, kann man leicht an einer Hand abzählen. Ganz leicht. Drei waren es. Und alle waren schrecklich.

Ich habe mich so hübsch wie möglich gemacht. Für Fabian. Nur für ihn. Mein Herz klopft unruhig und holperig, als ich das Haus betrete.

»Hallo, Greymouse!«, rufen ein paar, als sie mich registrieren. Irgendjemand lacht. Über mich?

»Hallo«, antworte ich niemand Bestimmtem und schaue mich nervös um. Die halbe Oberstufe scheint gekommen zu sein. Massenweise bekannte Gesichter. Und dazu massenweise unbekannte. Und da ist auch Armand. Ist er tatsächlich eingeladen worden? Damit habe ich nicht gerechnet. Armands dünner, langer Körper ragt aus allen heraus. Seine roten, wirren Haare leuchten. Er sieht aus wie ein Leuchtturm. Und darum nennen sie ihn auch so.

Leuchtturm. Skywalker. Greymouse. Jeder ist eben, was er ist.

Ich schlucke nervös und mein Blick bleibt an Armand hängen. Er winkt mir zu. Und lächelt. »Hey, Fiona!«

Ich winke nicht zurück, denn in diesem Moment sehe ich Fabian. Und er sieht mich. Oder doch nicht? Er lächelt in meine Richtung. Oder lächelt er durch mich hindurch oder über mich hinweg? Ich bin nur ein Meter fünfundsechzig groß und mir nicht sicher. Innerlich zittere ich schon wieder. Da ist er, mein ständiger Begleiter: der Umgebungstick. Das Haus scheint förmlich zu bersten vor Leuten. Wie viele werden noch kommen? Dauernd geht die Haustür auf und zu. Beklommen lehne ich mich an einen Türrahmen. Die Party dehnt sich minütlich mehr aus. Und der Partykeller von Wiebke und Fabian ist ununterbrochen in Partylärm und Musik gehüllt.

Amy Macdonald, Nena, Owl City, Gossip, Sade, Shakira, Die Ärzte und eine Menge anderes.

»Willst du auch was trinken, Fiona?«, ruft Wiebke plötzlich durch das Stimmengewirr und quetscht sich zu mir durch. Ich nicke nervös. Fabian scheint auf einmal zum Greifen nah. Ich sehe seine Augen und sein Lachen so deutlich wie noch nie. Mit wem lacht er? Ich drehe mich hastig um und greife dabei nach dem Glas, das Wiebke mir hinhält. Kein Mädchen, nur ein Typ, den Fabian zu kennen scheint. Ich atme erleichtert auf, trinke Sekt und versuche, in Fabians Nähe zu bleiben.

Armand steht alleine an eine Wand gelehnt und wippt im Takt der Musik. Ein Song von Owl City. *Fireflies.* Ich weiß, dass Armand den Song mag. Er hat ihn mir mal vorgespielt, im Garten, über den Zaun hinweg mit seinen neuen Lautsprechern. Armand kommt fast immer in seinen Garten hinaus, wenn ich in meinem bin. Manchmal habe ich das Gefühl, er belauert mich regelrecht. Ich blicke schnell wieder weg, bevor Armand eine Chance hat, mich ebenfalls anzusehen.

Und irgendwann, viel später, spricht Fabian mich tatsächlich an. Es ist schon weit nach Mitternacht und ich habe viel zu viel Sekt getrunken. Fabian hat schöne, schöne, schöne Augen. Und seine Haare sind weich und lockig und blond. Er lächelt mir zu.

»Willst du mitrauchen, Fiona?«, fragt er. Fiona, nicht Greymouse. Fiona und Fabian. Ich fange an zu zittern und hoffe, dass er es nicht merkt.

»Willst du?«, fragt Fabian und deutet auf den Joint, der zwischen seinen Fingern klemmt. »Oder nicht?«

Ich nicke hastig und setze mich zu ihm. Zu ihm und den anderen. Unsere Arme berühren sich dabei. Ich habe noch nie Haschisch geraucht. Aber jetzt nehme ich den Joint vorsichtig aus Fabians warmen Fingern. Ich unterdrücke den Hustenreiz in meinem Hals, so gut es geht. Aber irgendwann huste ich doch. Fabian scheint es nicht zu stören. Im Gegenteil, er lächelt mir zu. Irgendwann legt er dann sogar seinen Arm um meine Schulter und irgendwann sitzen wir dicht nebeneinander. Sehr dicht. Ich kann kaum atmen, eine ganze Weile sitze ich nur da und ringe um Fassung. Jetzt nur nichts falsch machen. Mir ist heiß und schwindelig und ein weiterer Joint macht die Runde und nach und nach entspanne ich mich. Trotzdem bin ich weiter vorsichtig und versuche, die Kontrolle zu behalten. Hinter mir ist eine Wand, schräg vor mir eine Tür. Seitlich, halb verborgen hinter dem Regal, in dem die Musikanlage und eine Menge CDs liegen, erkenne ich ein vergittertes Partykellerfenster. Es scheint mir keine unmittelbare Gefahr zu drohen. Irgendwann lache ich leise. Warum auch immer. Ich fühle mich leicht benommen.

»Was ist so lustig?«, fragt Fabian, nah an meinem Ohr, und fasst nach meinen Händen. Ich kann keine Antwort geben, weil nichts lustig ist. Verliebtsein ist nicht lustig. Zumindest nicht in meinem Fall. Die Nähe zu Fabian tut mir fast weh vor Aufregung. Ich will ihm noch viel, viel, viel näher sein.

»Hey, seht mal, Skywalker befummelt die Greymouse«, sagt irgendjemand.

Wieder vergeht Zeit. Fabian steht auf und holt eine Flasche Orangensaft für uns. Irgendwann gehen wir, wie die anderen, in den Garten. Sommernacht. Meine Nacht? Sternenhimmel. Warme Luft. Sommerluft. Wieder macht ein Joint die Runde. Als der Mond von den Wolken verschluckt wird, wird es völlig finster um uns herum. Aber überall ist jemand. Nervös versuche ich, etwas, jemanden zu erkennen. Die schwarze Luft ist voller Bewegung und Vibration. Mir wird kalt vor Unruhe. Die altbekannte Furcht legt sich schwer auf meine Schultern. Die Party ist jetzt überall. Im Partykeller und hier draußen. Zum Glück ist Fabians feste, warme Hand um meine herum. Bebend klammere ich mich daran. Irgendjemand macht Musik im Garten an. Eigentlich mag ich Pink nicht, aber auf einmal mag ich den Song *Glitter in the air*, den sie singt, doch. Ich dränge mich dicht an Fabian. Ich spüre seinen Atem an meinem Gesicht. Das fühlt sich schön an.

»Bist du das, Skywalker?«, fragt eine Mädchenstimme

ganz in unserer Nähe. Ich rieche ihr Parfüm. Und dann ruft noch jemand nach Fabian. Diesmal eine männliche Stimme.

»Warte mal eben«, sagt Fabian leise zu mir und geht weg. Erschrocken stehe ich da.

Have you ever fed a lover with just your hands?, singt Pink gerade. *Closed your eyes and trusted, just trusted? Have you ever thrown a fist full of glitter in the air ...?*

Ich zittere am ganzen Körper. Jetzt dürfte Fabian es spüren. Ich habe nicht gewusst, dass man so erregt sein kann. Kommt er wieder? Kommt er? Kommt er? Ich lausche in die Nacht und die Dunkelheit. Zwischendurch lege ich meine Hand auf mein wild pochendes Herz. Mein Kopf, mein Bauch, alles an mir fühlt sich fremd und wie elektrisiert an. Diese Nacht ist meine Nacht. Ganz sicher. Wenn nur Fabian wiederkommt. Meine Erregung und meine Angst richten ein Gefühlschaos in mir an.

Und plötzlich ist er wieder da. Wie ein Schatten greift er nach meiner kalten Hand und nimmt mich mit. Gott sei Dank. Unsere Schritte rascheln auf dem sommertrockenen Gras. Ich stolpere, weil ich das Gefühl habe, dass meine Beine mir nicht mehr gehorchen. Ich bin so erregt, dass ich leise keuche. Ich höre es selbst. Ob Fabian es auch gehört hat?

Dort, wo wir jetzt sind, ist es still. Hier ist keiner außer uns. Zum Glück haben Fabians Eltern so einen großen Garten. Das Gras riecht nach Sonnenschein und Wärme, als wir darauf niedersinken. Fabians Körper liegt jetzt auf meinem, sein Brustkorb auf meinen Brüsten. Unsere Gesichter sind dicht beieinander und sein Mund sucht meinen. Mit seiner Zunge schiebt er behutsam meine Lippen auseinander. Es ist tatsächlich der erste Kuss meines Lebens.

Ich drücke meinen Mund fest an seinen. Seine Zunge

dringt in meinem Mund und das fühlt sich unglaublich an. Ich fühle, dass auch er zittert. Aber plötzlich und sehr abrupt lässt er von mir ab. Ich will weiterküssen, aber er hat etwas auf dem Herzen. Ich spüre das irgendwie.

»Ich bin es, das weißt du doch, oder?«, flüstert er da, und eigentlich wusste ich es schon, als wir noch Hand in Hand hierhergegangen sind. Fabian ist nicht Fabian. Fabian ist Armand.

»Skywalker knutscht mit einer anderen«, sagt Armands Stimme leise in der Dunkelheit. Sein Mund ist immer noch dicht an meinem.

Armand mit den roten, wirren Haaren und den immer etwas traurigen, grünen Augen. Kluger, hässlicher, einsamer Armand. Freund meiner Kindertage. Einsamer, aber ungebrochener Einzelgänger. Leuchtturm. Sein blindes Auge hat schon immer einen anderen Blinzelrhythmus als das Sehende. Als Kind war ich fasziniert davon, das fällt mir in diesem Moment wieder ein.

»Bist du jetzt sauer?« Armands Stimme klingt besorgt. Himmel, wie vertraut er mir ist. Sein Atem riecht nach Pfefferminz und Sommer. Kein bisschen nach Alkohol, kein bisschen nach Haschisch.

Ich schüttele den Kopf, was er nicht sehen, aber fühlen kann, und dann küssen wir uns einfach weiter, und ich denke mir, dass er doch Fabian ist. Fabian, in den ich verliebt bin. Fabians Gestalt und Armands Innenleben. Aber eigentlich denke ich gar nichts richtig. Ich fühle nur. Armand reibt seine Wange sanft und vorsichtig an meiner, so als wolle er einfach nur meine Haut fühlen. Dann hält er meinen Kopf zwischen seinen Händen, fest, besitzergreifend und sanft, alles auf einmal. Ich spüre, dass auch er zittert, immer wieder, und wir verkriechen uns tief in die Stille hinter den Bäumen, die uns schützen. Dort ziehen wir uns aus. Gegenseitig. Eilig. Stück für Stück. Weit in der Ferne hören wir die anderen. Aber sie sind nicht wichtig im Moment. Diese Nacht ist meine Nacht. Und ich bin so erregt. Ich lache und weine, alles durcheinander, und Armand schüttelt den Kopf und sagt: »Du machst mich wahnsinnig. In jeder Hinsicht. Aber das weißt du ja.«

Meine Hände, die längst nicht mehr kalt sind, gleiten still über die glatte Haut seines Rückens, während Armand meinen Nacken streichelt. Ich küsse sein blindes Auge, und dann das andere, sehende, und lege mich wieder zurück. Armand streichelt in der Schwärze der Nacht meine Brüste. Wir können uns nicht sehen. Wie kann eine Nacht nur so dunkel sein? Aber ich will ihn auch gar nicht sehen. Ich will nur fühlen. Was Armands Hände da tun, lässt mich auf einen See hinaustreiben, fast ist es so, als ertränke ich. Armand streichelt währenddessen sanft meinen Bauch, fährt mit zitternden Fingern über meine Hüfte, über die Innenseiten meiner Schenkel, immer weiter. Ich streiche ihm über die Haare, die sich weich anfühlen und nach Sommer riechen. Ich atme schnell, aber Armand atmet noch schneller. Ich spüre, wie meine Brustwarzen sich aufrichten, und ich spüre Armands Finger, die tastend darüber streichen. Armand presst seine Stirn an meine und stöhnt leise. Für einen Moment rühren wir uns nicht, aber ich fühle, dass Armands Körper in Aufruhr ist. Was wird als Nächstes passieren?

»Armand, ich ... ich habe noch nie ...«, flüstere ich schließlich und auf einmal habe ich Angst davor. Überhaupt habe ich auf einmal wieder Angst. Was tue ich hier? Ich bin im Freien, in einem fremden Garten, in pechschwarzer Finsternis, nackt, verwundbar. Bin ich wahnsinnig?

»Wir müssen nicht«, sagt Armand sofort, und plötzlich bin ich froh, dass ich hier mit ihm bin und nicht mit Fabian. Er streichelt mein Gesicht, während er das sagt.

Fiona und Armand wird es trotzdem wahrscheinlich niemals geben. Wer weiß, wie es weitergehen wird mit ihm und mir. Würde ich mich je trauen, zu ihm zu stehen?

»Ich weiß noch, wie du aussahst, als deine Mutter damals ging«, sagt er da plötzlich und unerwartet.

Ich schweige, aber ich halte ihn weiter mit beiden Armen fest, drücke ihn an mich.

»Klein, blass, verwirrt und sehr verweint«, flüstert Armand in mein Ohr. »Seit damals liebe ich dich. Schon ziemlich lange also.«

Ich schweige weiter. Niemals vorher ist mir aufgefallen, dass Armand eine so schöne Stimme hat. Plötzlich habe ich keine Angst mehr. Es ist, als sei ein Knoten geplatzt, und es war Armand, der ihn zum Platzen gebracht hat. Wie auch immer er das geschafft hat. Über mir ist der dunkle Himmel, um mich herum der dunkle, fremde Garten, aber es droht mir keine Gefahr. Ich spüre das Gras in meinem Rücken und Armands Arme, seinen warmen, beruhigenden Atem und seinen festen Körper an meinem. Warm. Weich. Geborgen. Ich kann auf einmal so frei atmen, wie schon lange nicht mehr. Schon Jahre nicht mehr.

Und plötzlich ist auch meine Erregung wieder da. Ja, diese Nacht ist meine Nacht. Meine und seine. Ich taste nach Armands Gesicht, streichele seine Augen, seine Stirn, seine Wangen, seinen Mund.

»Schlaf mit mir«, flüstere ich und fühle mich auf einmal ganz leicht.

Armand beginnt mich wieder zu küssen. Ich schlinge

meine Arme um ihn und wir küssen uns lange, lange, lange. Irgendwann flüstert Armand: »Ich habe Angst, dir wehzutun.«

»Das brauchst du nicht«, flüstere ich meinem Freund aus Kindertagen, der ab heute viel mehr ist, beruhigend zu.

Und dann?

Dann dringt Armand behutsam in mich ein. Ich halte die Luft an. Warum ist er so sicher? Woher nimmt er sein Selbstbewusstsein? Wer ist Armand wirklich? Wie auch immer – in diesem Moment bin ich wieder ich. Völlig egal, was irgendjemand anderes sagt. Ich bin ich. Und diese Nacht ist die beste Nacht überhaupt.

Zum Glück ist Armand Armand. Und niemand anderes.

TAMARA BACH, geboren 1976, wurde für ihren Roman *Marsmädchen* u. a. mit dem Deutschen Jugendliteraturpreis ausgezeichnet. *Busfahrt mit Kuhn* wurde für den Deutschen Jugendliteraturpreis nominiert. Ihr jüngster Roman *Jetzt ist hier* ist 2007 erschienen. Tamara Bach lebt und schreibt in Berlin.

LUCA BLOOM wurde 1975 geboren, studierte Germanistik, Geschichte und Philosophie und hatte während des Studiums unzählige Nebenjobs. Seit acht Jahren unterrichtet Luca Bloom an einem Gymnasium in der Nähe von Hannover. Bloom lebt heute in Hannover, liest leidenschaftlich gerne, spielt Schlagzeug und ist bei Ska- und Punkkonzerten ebenso anzutreffen wie in Kino und Theater. Es erschienen bislang die Romane *Ich, Elias* und *Schlachtfeld*.

THOMAS BRINX (1963) und ANJA KÖMMERLING (1965) sind ein erfolgreiches Autorenduo. Sie schreiben Drehbücher für TV-Serien und Romane für Jugendliche. Unter anderen erschienen bisher die Romane *Stille Nacht, kussige Nacht, Liebe plus C* und *Scheiß Liebe*.
Mehr unter www.brinx-koemmerling.de

AYGEN-SIBEL ÇELIK wurde in Istanbul geboren und lebt bei Frankfurt am Main. Sie studierte Germanistik in Istanbul und Frankfurt und hat zahlreiche Bücher für Kinder- und Jugendliche geschrieben, u. a. *Seidenhaar* und *Geheimnisvolle Nachrichten*. Neben ihrer schriftstellerischen Tätigkeit leitet sie Schreibwerkstätten für Kinder und Jugendliche. Mehr unter www.aygenart.de

BEATE DÖLLING, 1961 in Osnabrück geboren, studierte nach mehrjährigen Auslandsaufenthalten in Spanien und den USA in Berlin einige Semester Englisch, Spanisch, Kulturwissenschaften und Philosophie. Sie lebt als Schriftstellerin in Berlin und erhielt für ihre Bücher mehrfach Preise und Stipendien. Einige ihrer aktuellsten Projekte entstehen in Zusammenarbeit mit dem französischen Musiker und Autor Didier Laget. Bei Beltz & Gelberg erschienen u. a. ihre Romane *Hör auf zu trommeln, Herz*, *Schutzfaktor 18* und *Alles Bestens*. Mehr unter www.beatedoelling.de

TOBIAS ELSÄSSER, geboren 1973 in Stuttgart, arbeitet als freier Journalist, Autor und Gesangslehrer. Darüber hinaus leitet er Schreibwerkstätten und Songwriter-Workshops für Jugendliche und schreibt Drehbücher. Bislang erschienen von ihm die Romane *Ab ins Paradies*, *Vielleicht Amerika* und zuletzt *Abspringen*. Mehr unter www.tobias-elsaesser.de

CHRISTINE FEHÉR, geboren 1965, ist eigentlich evangelische Religionslehrerin. Seit 2001 schreibt sie Bücher für Kinder und Jugendliche, wobei sie einfühlsam soziale Themen in Romanform verarbeitet und den Lesern auf diese Weise indi-

rekt ein Stück Lebenshilfe mit auf den Weg gibt. Zu den bekanntesten Büchern gehören *Dann bin ich eben weg – Geschichte einer Magersucht* und *Elfte Woche*.
Mehr unter www.feher-buch.de

KAREN-SUSAN FESSEL, geboren 1964 in Lübeck, ist eine der bekanntesten Jugendbuchautorinnen in Deutschland. Es erschienen bislang u. a. die Romane *Ein Stern namens Mama, Und wenn schon, Max in den Wolken, Feuer im Kopf* und *Polarchaoten*.
Mehr unter www.karen-susan-fessel.de

JANA FREY, geboren 1969 in Düsseldorf. Sie studierte Literatur, Geschichte und Kunst und hat bis heute zahlreiche Kinder- und Jugendbücher veröffentlicht, die in mehrere Sprachen übersetzt wurden. Der Roman *Höhenflug abwärts* wurde für den Deutschen Jugendliteraturpreis nominiert. Weitere Romane sind u. a. *Ich, die andere, Rückwärts ist kein Weg, Der Kuss meiner Schwester* oder *Kein Wort zu niemandem*.

THOMAS FUCHS, geboren 1964 in Kassel, studierte Geschichte und Politik. Seit 1988 arbeitet er als freier Journalist und Autor. Er hat diverse Hörspiele und Romane für Kinder und Erwachsene verfasst, u. a. *Der Umzug, Die Nullnummer* oder *Unter Freunden*.
Mehr unter www.thomasfuchs.info

ALEXA HENNIG VON LANGE, geboren 1973 in Hannover, begann bereits mit acht Jahren zu schreiben. 1997 erschien ihr Debütroman *Relax*. Für *Ich habe einfach Glück* erhielt sie den Deutschen Jugendliteraturpreis. Es folgten

zahlreiche Romane für Jugendliche und Erwachsene, außerdem Erzählungen und Theaterstücke. Im Herbst startet die neue Jugendbuchreihe der in Berlin lebenden Autorin. Bei Beltz & Gelberg hat Alexa Hennig von Lange die Lyrik-Anthologie *I love U/I don't love U* herausgeben.
Mehr unter www.alexahennigvonlange.de

CHRISTOPHER KLOEBLE, geboren 1982, studierte in Dublin und am Deutschen Literaturinstitut Leipzig. Mit seinen Theaterstücken wurde er an das Wiener Burgtheater, die Münchner Kammerspiele sowie zum Heidelberger Stückemarkt eingeladen. Sein Romandebüt *Unter Einzelgängern* wurde mit dem Literaturpreis der Jürgen Ponto-Stiftung ausgezeichnet. Momentan arbeitet er an seinem zweiten Roman *Ein versteckter Mensch*, der 2011 erscheinen wird.
Mehr unter www.christopherkloeble.de

BORIS KOCH, geboren 1973, wuchs auf dem Land auf, leistete Zivildienst in der Kinderpsychiatrie und studierte Geschichte und Literatur in München. Heute lebt er als freier Autor in Berlin. Zu seinen Buchveröffentlichungen gehören der mit dem Hansjörg-Martin-Preis ausgezeichnete Jugendkrimi *Feuer im Blut*, die Fantasyromane um den *Drachenflüsterer* und der dunkle Mysteryroman *Gebissen*. Er ist außerdem Herausgeber der Anthologien *Gothic – Dark Stories* und *Gothic – Darker Stories*.
Mehr unter www.boriskoch.de

JAROMIR KONECNY, geboren 1956 in Prag, lebt seit 1982 in Deutschland. Nach diversen Jobs, dem Studium der Chemie an der Technischen Universität München und der

Promotion über die Entstehung des genetischen Codes arbeitet er in München als freier Schriftsteller und Publizist und ist regelmäßig bei PoetrySlams zu Gast. Bislang erschienen u. a. die Romane *Hip und Hop und Trauermarsch, Jäger des verlorenen Glücks, Doktorspiele* und zuletzt *Fifi poppt den Elch*. Mehr unter www.jaromir-konecny.de

PATRICIA SCHRÖDER, geboren 1960, schreibt seit vielen Jahren erfolgreich Bücher für Kinder und Jugendliche, am liebsten Geschichten, die sich rund um das Thema Verliebtsein und Freundschaft drehen. Das Spektrum ihrer Erzählkunst zeigt sie vor allem in ihren Büchern wie *Auserwählt* oder *Vollmondkuss* oder *Scheiß Glatze, ich lieb dich*. Mehr unter www.patricia-schroeder.de

JOCHEN TILL, geboren 1966, schreibt neben Jugendbüchern, in denen manchmal Sex vorkommt, auch Bücher für Erwachsene, die Sex beinhalten, und Drehbücher, die dazu führen können, dass (falls es für die Geschichte oder aus künstlerischen Aspekten dringend notwendig ist) Sex gezeigt wird. Zu seinen erfolgreichsten Büchern gehören *Ohrensausen, Sturmfrei* und *Überall Mädchen. Der große Nick erzählt*. Mehr unter www.jochentill.de

© Max Kowallik

Ilona Einwohlt

Ilona Einwohlt, geboren 1968, hat Germanistik und
Spanisch studiert und schreibt seit vielen Jahren mit
Liebe, Lust und Leidenschaft erfolgreich Bücher für
Kinder und Jugendliche, bekannt sind vor allem ihre
Romane aus der Sina-Reihe. Ilona Einwohlt lebt mit
ihrer Familie in der Nähe von Darmstadt.
Mehr zur Autorin und Herausgeberin unter
www.ilonaeinwohlt.de